Heidrun Bründel
Birgit Amhoff / Christiane Deister

Schlichter-Schulung in der Schule

Eine Praxisanleitung für den Unterricht

Heidrun Bründel, Birgit Amhoff, Christiane Deister

Schlichter-Schulung in der Schule

Eine Praxisanleitung für den Unterricht

borgmann

© 1999 borgmann publishing GmbH, D-44139 Dortmund

Gesamtherstellung: Löer Druck GmbH, Dortmund

Illustrationen Seite 73-78, 83-87, 107 Ines Hillmann, Bremen

Bestell-Nr. 8304 ISBN 3-86145-182-4

Inhalt

Vorwort

Seit einigen Jahren unternehmen Schulen große Anstrengungen auf dem Weg zur Entwicklung eines Schulprogramms und eines Schulprofils. Sie streben die verstärkte Übernahme von Verantwortung durch Lehrer, Eltern und Schüler an und geben sich ein bestimmtes pädagogisches Profil. Sie erreichen dadurch, dass Schüler, Eltern und Lehrer sich mit *ihrer* Schule identifizieren und ein Gefühl der Zugehörigkeit entwickeln. Ein gutes Schulklima kann nur das Resultat eines längeren Prozesses sein, in den alle an Schule Beteiligten involviert sind und sich für ihre Schule engagieren. Schulentwicklungsprozesse können jederzeit von Schulen initiiert werden.

Bausteine von Schulentwicklungsprozessen sind alle kollegiumsinternen Aktivitäten, die zur Verbesserung des Schulklimas beitragen. Die Schlichter-Schulung kann Bestandteil eines solchen Schulentwicklungsprozesses sein. Um Schulentwicklungsprozesse in Gang zu bringen, bedarf es einer Aufbruchstimmung im Kollegium: „Wer mit beiden Beinen fest auf dem Boden steht, bewegt sich nicht“, sagt ein altes chinesisches Sprichwort. Die Wege der Schulentwicklung entstehen im Gehen. Bewegung ist nicht Selbstzweck, das Ziel der Bewegung ist von großer Bedeutung. Wer ohne Ziel geht, dreht sich im Kreis und bleibt damit letztlich doch wieder auf der Stelle stehen (Rolff und Schley 1997).

Die Schlichter-Schulung beruht auf dem Gedanken der Mediation und der Stärkung der Verantwortung der Schülerinnen und Schüler. Voraussetzung ist ein Konsens im Lehrerkollegium und die Bereitschaft der Lehrerinnen und Lehrer, die Schülerinnen und Schüler zu befähigen, ihre Probleme untereinander selbst zu regeln und ihre Konflikte selbständig zu lösen.

Die vorliegende Schlichter-Schulung ist ein Gemeinschaftswerk der Schulpsychologin und Psychotherapeutin Dr. Heidrun Bründel (Bildungs- und Schulberatung des Kreises Gütersloh (Nordrhein-Westfalen)), der Beratungslehrerin Birgit Amhoff und der Beratungslehrerin und Diplom-Sozialarbeiterin Christiane Deister (Matthias-Claudius-Schule in Rheda-Wiedenbrück (Kreis Gütersloh)) und ist aus der intensiven Zusammenarbeit zwischen beiden Institutionen entstanden sowie der guten Kooperation zwischen dem Leiter der Matthias-Claudius-Schule, ihren Lehrerinnen und Lehrern und ihren Schülerinnen und Schülern.

Die Schlichter-Schulung baut auf vorhandenen Programmen und Konzepten auf, die unmittelbar in der Region (Jefferys 1995; Lindner, Walter, Wüllner 1997) und auch in anderen Bundesländern (Besemer 1997; Faller 1998; Dulabaum 1998) entstanden sind. Sie stellt jedoch eine modifizierte und speziell auf die Matthias-Claudius-Schule adaptierte und damit eigenständige Version dar.

Wir danken ganz herzlich dem Schulleiter der Matthias-Claudius-Schule, Herrn Mader, allen Kolleginnen und Kollegen und den Schlichter-Lehrerinnen und Lehrern für ihre Unterstützung bei der Planung, Konzeptionierung und Entwicklung dieses Schulprojekts. Ganz besonders aber danken wir den Schlichter-Schülerinnen und -Schülern Daniel, Delia, Deniz, Dennis, Kazim, Lukas, Marcel-René, Pinar, Sevcan und Susanne für ihr Engagement, ihre Begeisterung und ihren persönlichen Einsatz bei der Durchführung.

Gütersloh und Rheda-Wiedenbrück, März 1999

Heidrun Bründel
Birgit Amhoff
Christiane Deister

Einleitung

Streitigkeiten und Konflikte unter Schülerinnen und Schülern kommen tagtäglich in der Schule vor und lassen sich kaum vermeiden. Dies ist nicht weiter beunruhigend, wenn – und nur wenn – sie unter Vermeidung von Gewalt und Aggression ausgetragen werden. Genau diese Voraussetzungen erfüllen jedoch viele Schülerinnen und Schüler nicht, sie neigen zu jähzornigen Reaktionen, schlagen schnell zu und haben es nicht gelernt, mit ihren Emotionen und aufbrausenden Gefühlen umzugehen. Die Folge davon sind häufige aggressive verbale und körperliche Auseinandersetzungen in der Schule.

Schule vermittelt ihren Schülerinnen und Schülern nicht nur Bildung und Wissen, ihre pädagogische Funktion und ihre Erziehungsaufgabe besteht darin, ihnen durch Regeln und Absprachen **emotionale Sicherheit und Orientierung** zu geben, die sie in ihren Familien häufig nicht mehr in ausreichendem Maße vorfinden. Schule darf ihre Schülerinnen und Schüler in der Aneignung und Verarbeitung ihrer Lebenswelt nicht allein lassen, sondern muss sie in ihren Fähigkeiten zur **friedlichen Konfliktlösung** stärken. Schule trägt damit den vielfältigen Forderungen aus der Öffentlichkeit Rechnung, etwas gegen die Gewaltbereitschaft der Schülerinnen und Schüler zu tun und neben dem kognitiven Lernen auch **soziales Lernen** zu ermöglichen, nämlich Rücksicht aufeinander zu nehmen, Verständnis füreinander zu entwickeln und fair miteinander umzugehen. Schule hat damit eine präventive Funktion zu erfüllen, die in der **Stärkung der Verantwortungsübernahme** der Schülerinnen und Schüler für ihr Tun und in der Stärkung ihrer Fähigkeiten zur **gewaltfreien Auseinandersetzung** liegen. Dies kann durch unterschiedliche Maßnahmen geschehen:

Beratung in der Schule

Eine Spezialform des Trainings **sozialer Handlungskompetenzen,** die nicht an den Unterricht gebunden ist, ist die Form der Beratung durch speziell geschulte Lehrerinnen und Lehrer. Im Wesentlichen geht es darum, dass diese ihren Schülerinnen und Schülern für ausgedehnte Einzelgespräche zur Verfügung stehen und mit ihnen über schulische und persönliche Probleme sprechen. Kernpunkt der Beratungsaktivitäten ist es, dass Beratungslehrerinnen und -lehrer sich in die spezielle Lebens- und Schulsituation der Kinder und Jugendlichen hineinversetzen und mit ihnen zusammen Handlungsperspektiven erarbeiten. Bei dieser Arbeitsweise kommt es vor allem auf das Gesprächsverhalten der speziell ausgebildeten Beratungslehrerinnen und -lehrer an. Eine gute Kooperation zwischen Klassen- bzw. Beratungslehrerinnen und -lehrern sowie Schulpsychologinnen und -psychologen ist dabei besonders wirkungsvoll.

Mediation und Konfliktbearbeitung

Mediation ist die Kunst, einen Konflikt in **kooperativer und konstruktiver** Art zu bearbeiten, so dass beide Parteien zu einer für sie befriedigenden Lösung kommen (Dulabaum 1998). Konflikte sind nach Glasl (1994) soziale Interaktionen zwischen Personen oder auch Gruppen, in denen Unvereinbarkeiten des Fühlens, Wollens, Wahrnehmens, Denkens und vor allem des Handelns bestehen. Die psychischen Faktoren spielen in Konflikten eine große Rolle, denn nicht selten werden Konflikte von sehr heftigen Gefühlen begleitet. Sie schaukeln sich hoch und engen die Handlungsmöglichkeiten der Konfliktparteien ein.

Mediation setzt zwar erst nach einem erfolgten Streit oder Konflikt ein, hat jedoch nicht nur eine ‚postventive' Wirkung, sondern durch die konstruktive und kooperative Art und Weise des Vorgehens auch eine ‚präventive' Wirkung, die darin besteht, dass die Streitenden in und während der Mediation erfahren, dass sie auch friedlich miteinander umgehen können. Damit beugt Mediation der Gewalt vor.

Mediation setzt am besten dann ein, wenn der Streit oder Konflikt noch nicht die höchste Eskalationsstufe erreicht hat, auf der es meistens nur noch die totale Konfrontation und keinen Weg mehr zurück gibt. Die größten Chancen für eine Mediation bestehen nach Glasl (1994) in den Phasen „Verhärtung“ (1), „Debatte“ (2), „Taten“ (3), „Koalition“ (4), „Gesichtsverlust (5) und „Drohstrategien“ (6), in denen die Kontrahenten zwar auch schon miteinander verstrickt sind und ihr Gewaltdenken bzw. -handeln zunimmt, aber in denen sie noch nicht gänzlich die Kontrolle über ihr Handeln verloren haben wie in den Phasen „begrenzte Vernichtungsschläge“ (7), „Zersplitterung“ (8) und „gemeinsam in den Abgrund“ (9) (siehe auch Faller 1998).

Die Konflikte, die bei Schülerinnen und Schülern überwiegend vorkommen, können nach fünf **Konflikttypen** unterschieden werden (Moore 1986):

- Sachverhaltskonflikte: Schülerinnen und Schüler
  - sind ungenügend informiert
  - schätzen Sachverhalte als unterschiedlich wichtig ein
  - interpretieren Dinge unterschiedlich
  - treffen unterschiedliche Bewertungen
- Interessenkonflikte: Schülerinnen und Schüler
  - erleben angenommene oder tatsächliche Konkurrenzen
  - sind in Rivalitäten verwickelt
  - haben unterschiedliche Interessen und Bedürfnisse
- Beziehungskonflikte: Schülerinnen und Schüler
  - sind durch starke (negative und/oder positive) Gefühle zueinander verbunden
  - unterliegen Fehlwahrnehmungen und stereotypen Einstellungen
  - kommunizieren mangelhaft miteinander
  - hören nicht zu und sehen nicht hin
  - zeigen wiederholtes negatives Fehlverhalten
- Wertekonflikte: Schülerinnen und Schüler
  - haben unterschiedliche Wertvorstellungen
  - leben andere Lebensformen
  - haben unterschiedliche Religionen
- Strukturkonflikte: Schülerinnen und Schüler
  - zeigen destruktive Verhaltens- und Interaktionsmuster
  - verfügen über unterschiedliche persönliche und soziale Ressourcen
  - üben unterschiedlich viel Macht aus

Konflikte sind an sich weder gut noch schlecht. Sie gehören zum Alltag der Menschen und sind für ihre psychosoziale Entwicklung von großer Bedeutung. Kinder, Jugendliche und Erwachsene reifen an Konflikten. In der Auseinandersetzung erfahren sie, dass es unterschiedliche Sichtweisen gibt, die nicht immer leicht miteinander zu verbinden sind. Sie erleben, dass Einigung und Verständigung in vielen Fällen möglich sind, dass manchmal jedoch unterschiedliche Sichtweisen auch akzeptiert werden müssen.

Es kommt auf die Art und Weise an, wie Konflikte ausgetragen werden. In der Mediation geht es darum, dass beide Konfliktparteien eine **Lösung für ihren Streit** finden, bei der sie *beide* gewinnen. Es soll keinen alleinigen Gewinner bzw. Verlierer geben, sondern es wird eine **„winwin“-Lösung** angestrebt. Voraussetzung dafür ist natürlich, dass beide Parteien an einer einvernehmlichen Lösung überhaupt interessiert sind, dass sie grundsätzlich bereit sind, sich zu einigen und nicht in ihrem Streitzustand weiter beharren. Das Ziel einer Mediation ist es nicht, dass sich beide Streithähne anschließend lieben bzw. mögen, sondern sie können sehr wohl zu dem Ergebnis kommen, dass es auch weiterhin unvereinbare Gegensätze zwischen ihnen gibt, und sie können beschließen, sich zukünftig aus dem Wege zu gehen. Durch das direkte Gespräch zwischen ihnen im Beisein eines neutralen und unparteiischen Helfers (Mediators) findet schon ein Transformationsprozess statt, der auf einem Umdenken basiert und im günstigsten Fall auch in einem

Erkennen der eigenen Anteile am Streit liegt (Faller 1998).

Die **Aufgabe des Mediators** besteht darin, das Gespräch zwischen beiden einzuleiten und aufzubauen. Wenn zwei, die sonst nie miteinander sprechen und sich nur beschimpfen und schlagen, fähig sind, miteinander in einen Dialog einzutreten, dann ist diese Tatsache für sich genommen schon ein großer Fortschritt im Sinne einer Konflikttransformation und eines dynamischen Lernprozesses. Der **Mediator verbessert das Beziehungsklima** zwischen beiden und ermöglicht neue Erfahrungen. Er ist weder Kontrolleur noch Schiedsrichter und entscheidet nicht darüber, wer Schuld und wer keine Schuld hat, sondern gibt den Streitenden Gelegenheit, ihre persönlichen Sichtweisen über die Streitentstehung darzustellen, über den Streit nachzudenken und anschließend gemeinsam nach Lösungsmöglichkeiten zu suchen. Von großer Bedeutung für eine Mediation ist, dass nicht der Mediator, sondern die Streitenden die Lösung erarbeiten (Dulabaum 1998).

In der **Schule** sprechen wir nicht von Mediation und auch nicht von Mediatoren, sondern von **Streitschlichtung und Streitschlichtern**. Eigene Befragungen haben ergeben, dass Konflikte und Streitigkeiten von Schülerinnen und Schülern in der Schule oft nicht befriedigend ausgetragen werden, sondern häufig ungelöst und unbesprochen bestehen bleiben, so dass sie weiter schwelen und die Gefühle der Kontrahenten aufschaukeln. Lehrerinnen und Lehrer haben – und/oder nehmen sich – oft nicht die Zeit, die Schülerinnen und Schüler dazu anzuleiten, ihre Konflikte zu bearbeiten. Aus Zeitnot und auch aus Hilflosigkeit und Ohnmacht ordnen sie dann irgendwelche Maßnahmen zur Befriedung der Streithähne an, die von allen Beteiligten meistens nicht als Hilfe, sondern als Strafe empfunden werden. Zurück bleiben bei den Streitenden Gefühle des Grolls und der Ungerechtigkeit, der Verbitterung und Enttäuschung, und damit entstehen wiederum Beweggründe, denselben Streit wieder ausbrechen und eskalieren zu lassen.

Was nottut, ist eine Streitkultur der Schülerinnen und Schüler, eine friedliche Auseinandersetzung mit dem Geschehen und – wenn möglich – eine Vereinbarung für die Zukunft, so dass derselbe Streit nicht noch einmal ausbricht. Schülerinnen und Schüler sind zunächst nicht in der Lage, dies für sich allein zu regeln. Sie brauchen Hilfe und Unterstützung. Wenn sie diese erhalten und ganz bestimmte Kompetenzen erworben haben, z. B. Kompetenzen der Gesprächsführung, der Einfühlung in andere sowie des eigenen Gefühlsmanagements, gelingt es ihnen sehr gut, sowohl eigene Konflikte als auch Konflikte anderer selbständig zu lösen. Für eine Mediation ist es notwendig, ein gewisses Konfliktverständnis zu haben, empathische Fähigkeiten zu besitzen sowie die Fähigkeit zuzuhören, das Gehörte zu spiegeln und Handlungsmöglichkeiten zu haben, eigene Emotionen zu regulieren.

In der **Schlichter-Schulung** werden Schülerinnen und Schüler, die sich freiwillig dafür melden, darin ausgebildet, Streitigkeiten von Mitschülerinnen und Mitschülern zu schlichten. Sie werden darin geschult, **Schlichtungsgespräche** zu führen und erwerben während der Schulung die dafür notwendigen Fähigkeiten und Fertigkeiten. Aufgabe und Ziel der Schlichter-Schulung ist es, den Schülerinnen und Schülern Hilfe und Unterstützung zu geben, damit sie sich sozial kompetent verhalten können. Die Schlichter-Schulung geht von dem Grundgedanken aus, dass Schülerinnen und Schüler fähig sind, viele ihrer Streitigkeiten selbst zu schlichten und Lösungen für ihre Konflikte zu finden, unter der Voraussetzung, dass sie darin geschult worden sind und eine Streit- und Schlichtungskultur entwickelt haben.

Mit der **Schlichter-Schulung** haben Lehrerinnen und Lehrer eine Möglichkeit, Schülerinnen und Schüler zu mehr Verantwortung, mehr Selbstbewusstsein und Selbstkontrolle anzuleiten und damit zu einer **Stärkung ihrer sozialen Kompetenz** beizutragen. Das Training und die Ausbildung bringt für alle am Schulleben Beteiligten großen Gewinn: ältere Schülerinnen und Schüler erfahren, dass sie lernen können und fähig sind, ihren jüngeren Mitschülern bei Auseinandersetzungen untereinander zu helfen, jüngere Schülerinnen und Schüler haben persönliche Ansprechpartner – die ausgebildeten Schlichterinnen und Schlichter – und wissen, an wen sie sich wenden können, wenn sie Streitigkeiten und Konflikte haben. Mit der Schlichter-Schulung erziehen Lehrerinnen und Lehrer einerseits ihre Schüler zur Selbständigkeit und fühlen sich andererseits von vielen kleinen und mittelschweren Problemen entlastet.

Wie eine Schlichter-Schulung konkret vor sich geht, aus welchen Bausteinen sie besteht und welche Maßnahmen, Vorbereitungen und Absprachen getroffen werden müssen, damit sie erfolgreich in Schulen implementiert werden kann, soll im Folgenden möglichst handlungsorientiert beschrieben werden, so dass interessierte Lehrerinnen und Lehrer sie ebenfalls an ihren Schulen einführen können.

Die Schlichter-Schulung kann in allen weiterführenden Schulformen durchgeführt werden. In der vorliegenden Form ist sie für Hauptschulen konzipiert, kann jedoch für jeden anderen Schultyp ergänzt und variiert werden. Es liegen erste Erfahrungen vor, den Schlichtungsgedanken auch in Grundschulen einzuführen, wobei es dabei sicherlich mehr um die Sensibilisierung der Kinder für ein friedliches, konstruktives und kooperatives Miteinander und um die Vermeidung von körperlichen Auseinandersetzungen geht als um das Schlichten von Streitigkeiten durch Schülerinnen und Schüler, obwohl dies in Ansätzen auch intendiert wird (Behörde für Schule, Jugend und Berufsbildung, Hamburg 1996; Jefferys 1998).

Bei der vorliegenden **Schlichter-Schulung** handelt es sich nicht um ein in sich geschlossenes Programm, das keine Veränderungen dulden würde, sondern im Gegenteil um eine **Praxisanleitung**, die Veränderungen und Anpassungen an die gegebene Schulsituation geradezu herausfordert, um **Vorschläge**, die gekürzt und erweitert werden, sowie um **Varianten von Entwürfen und Ideen,** so dass Lehrerinnen und Lehrer in der Lage sind, je nach ihren eigenen Gegebenheiten in der Schule vorzugehen. Alle Arbeitsblätter und Abbildungen sind als **Kopiervorlagen** gedacht und können für die Schulung der Lehrerinnen und Lehrer sowie der Schülerinnen und Schüler benutzt werden.

In den *ersten vier Kapiteln* stellen wir die Schlichter-Schulung in den größeren Rahmen eines Schulprogramms und beschreiben die Ziele, Bausteine und den Aufbau der Schlichter-Schulung. In den *Kapiteln fünf bis neun* schildern wir ausführlich und konkret unsere Vorgehensweise bei der Schulung, die sich zunächst an das gesamte Kollegium wendet, dann an interessierte Lehrerinnen und Lehrer und in einem folgenden Schritt an die Schülerinnen und Schüler. Die Projekttage der „9er"- und „5er"-Klassen sowie das Training und die eigentliche Ausbildung der zukünftigen Schlichter-Schülerinnen und -Schüler (*Kapitel 7-9*) stehen im Mittelpunkt der Schlichter-Schulung, auf ihnen ruht der Schwerpunkt unserer Ausführungen. In *Kapitel 10* beschreiben wir die Organisation, Planung, Begleitung und Supervision der Schlichter-Schülerinnen und -Schüler im Rahmen der Schlichter-AG. In *Kapitel 11* diskutieren wir Fragen der Evaluation, geben subjektive Eindrücke und Äußerungen der Lehrerinnen, Lehrer, Schülerinnen und Schüler wieder und stellen die Auswirkungen der Schlichter-Schulung auf die Schülerinnen und Schüler sowie auf das Schulklima „unserer" Schule dar. In *Kapitel 12* zeigen wir eine Photoserie zur Dokumentation der Projekttage, des Schlichter-Trainings und der sonstigen Schlichter-Aktivitäten. In *Kapitel 13* bringen wir Ausschnitte aus dem regionalen und lokalen Pressespiegel. In *Kapitel 14* stellen wir alle Spiele, Interaktionen und Übungen, die wir mit den Schülerinnen und Schülern durchgeführt haben, in *Kapitel 15* eine Bastelanleitung und in *Kapitel 16* die Literatur dar, auf die wir uns gestützt haben.

Ob es besser wird,
wenn es anders wird,
weiß ich nicht.
Dass es aber anders werden muss,
wenn es besser werden soll,
weiß ich!

(Georg Christoph Lichtenberg, 1742-1799)

I. Schlichter-Schulung als ein Aspekt des Schulprogramms

Eine der Hauptzielvorstellungen des **sozialen Lernens** in der Schule ist die **gewaltfreie Konfliktaustragung.** Gewaltfreie Konfliktaustragung ist jedoch nicht ohne weiteres und nicht ohne intensive Bemühungen aller an Schule Beteiligten zu erreichen. Sie kann das Endziel einer längerfristigen Zusammenarbeit von Lehrern und Schülern sein, welches im Rahmen einer Schulprogrammentwicklung formuliert und in einem Prozess der Konsensfindung im Kollegium festgelegt wird.

Die möglichen Inhalte eines Schulentwicklungsprogrammes werden abgesteckt und können selbstverständlich verändert werden. Anfangspunkte von Schulentwicklungsprozessen können geplant werden, Endpunkte jedoch nicht (Rolff und Schley 1997). Prozesse der Schulentwicklung sind offen, können auch voller Überraschungen sein, genau das macht ihren Reiz aus. Wer mit der eigenständigen Entwicklung eines Schlichterprogramms beginnt, kann vorher nicht absehen, wohin der Weg führt (Abb. 1). Wer Unsicherheit und Risiko reduzieren will, wenn auch nicht ganz vermeiden kann, hat die Möglichkeit, auf die vielfältigen erprobten Programme zurückzugreifen, die es mittlerweile gibt (Besemer 1996, 1997; Braun 1995; Diez 1996; Dulabaum 1998; Engert 1997a, b; Eybisch 1995; Faller 1998; Faller, Kerntke, Wackmann 1996; Hagedorn 1994; Jefferys 1998; Leiß, Kaeding 1997; Lindner, Walter, Wüllner 1997).

Die **Matthias-Claudius-Hauptschule** in Rheda-Wiedenbrück hat sich gemeinsam mit der **Bildungs- und Schulberatung** des Kreises Gütersloh auf den Weg gemacht, die Schlichter-Schulung mit dem Ziel einer gewaltfreien Konfliktlösung in der Schule als einen Aspekt des Schulprogramms anzusehen, sie speziell für sich zu entwickeln, den Bedürfnissen ihrer Lehrerinnen und Lehrer sowie Schülerinnen und Schüler anzupassen und dabei auf Elemente bewährter Programme zurückzugreifen.

Der Gedanke, eine Schlichter-Schulung in der eigenen Schule durchzuführen, setzt eine Aufbruchstimmung und den Wunsch, etwas zu verändern voraus sowie die Bereitschaft, mit außerschulischen „Experten für Schule" – Schulpsychologinnen und Schulpsychologen – zusammenzuarbeiten. Im Laufe der Planung nimmt der Gedanke immer konkretere Formen an, geht in Handlungen und Aktionen über, und allmählich und fortschreitend entwickelt sich ein Schulprogramm, in dessen Mittelpunkt der Schlichtungsgedanke steht, von dem nach und nach sowohl Schülerinnen und Schüler als auch Lehrerinnen und Lehrer ergriffen werden.

Die Schlichter-Schulung stellt einen Aspekt des Schulprogramms dar und ist eine von vielen anderen Möglichkeiten, das Klima an der Schule zu verbessern und Schülerinnen und Schüler sowie Eltern für die Idee der Zusammenarbeit und die Stärkung der sozialen Kompetenz im Umgang miteinander zu gewinnen.

Schlichter -Schulung
als ein Aspekt des Schulprogramms

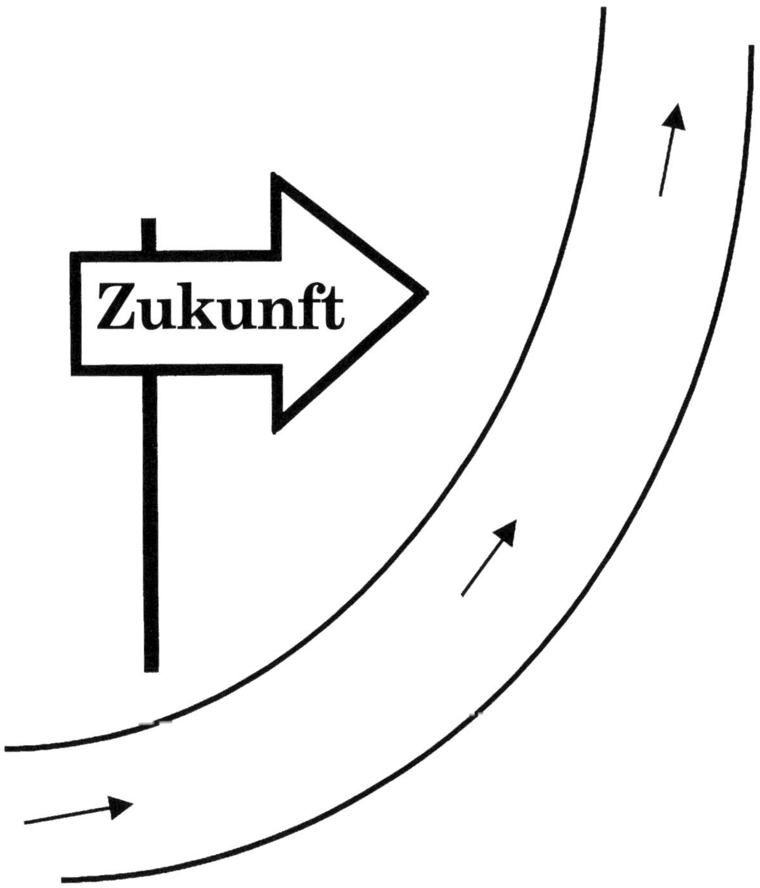

Abb. 1

II. Ziele der Schlichter-Schulung

Die Erfahrung zeigt, dass für viele Kinder und Jugendliche Gewalt und gewalttätige Auseinandersetzungen die einzigen Mittel sind, um Konflikte zu lösen. Sie schlagen fast automatisch zu, ohne vorher zu überlegen, sie sind verbal sehr aggressiv und mit Schimpfwörtern sehr schnell bei der Hand (Faller, Kerntke, Wackmann 1996). Sie haben es nicht anders gelernt und verhalten sich häufig so, wie sie es von zu Hause und in ihrer Clique gewohnt sind.

Die **Grundidee der Schlichter-Schulung** ist, dass Streit und Konflikte zum Alltag der Schüler gehören und dass es nicht in erster Linie darum geht, Streit zu vermeiden, sondern ihn friedlich auszutragen und Konflikte so zu lösen, dass ein Umgang miteinander anschließend noch möglich ist (Besemer 1996, 1997).

Die meisten Konflikte in der Schule werden von Lehrerinnen und Lehrern „zwischen Tür und Angel" gelöst, ohne dass die Streitparteien ausreichende Gelegenheit erhalten, sich dazu zu äußern. Was erreicht wird, ist häufig nur ein Waffenstillstand auf Zeit, aber meistens keine befriedigende Lösung. Oft gehen aus den schulischen Konflikten Sieger und Besiegte heraus, und der unterschwellige Kampf geht weiter (Braun und Hünecke 1995). Streitschlichtung durch Schülerinnen und Schüler basiert auf dem Gedanken, dass Kinder und Jugendliche zu Ihresgleichen oft mehr Vertrauen haben als zu Erwachsenen und daher eher bereit sind zu erzählen, worum es bei dem Streit ging.

Die **Ziele der Schlichter-Schulung** bestehen darin, dass Schülerinnen und Schüler

- neue Verhaltensweisen lernen
- Alternativen zum gewohnheitsmäßigen Schlagen entwickeln
- reflexiver und sensibler im Umgang mit ihren Klassenkameraden umgehen
- sich in andere hineinversetzen
- lernen, die Folgen ihres Tuns zu antizipieren
- lernen, selbstverantwortlich mit ihren Konflikten untereinander umzugehen
- lernen, sich im Anschluß an Streitigkeiten wieder zu vertragen
- lernen, Lösungen zu finden, die es ihnen gestatten, in Zukunft wieder friedlich miteinander umzugehen und
- lernen, ihre Konflikte selbst zu lösen, ohne Hilfe der Erwachsenen.

In diesen *vielschichtigen Lernprozessen* müssen die Schülerinnen und Schüler natürlich von ihren Lehrerinnen und Lehrern unterstützt werden. Ohne eine systematische Schulung sind Schülerinnen und Schüler mit der Durchführung von Streitschlichtungen überfordert.

Die **Schlichter-Schulung** hat das Ziel, in vielfältigen Gesprächs- und Streitsimulationsübungen, in Reflexionsphasen und Spielsituationen die Fähigkeit der zukünftigen Schlichter-Schülerinnen und -Schüler zu stärken, Konflikte zu durchdenken und gewaltfrei zu lösen. Die Zeit, die Lehrerinnen und Lehrer für „soziales" und „emotionales" Lernen investieren und bereitstellen, zahlt sich langfristig aus, nämlich dann, wenn die Schülerinnen und Schüler in Selbstkontrolle, Zuhören und Einfühlen geschult sind und dadurch in die Lage versetzt werden, Streitigkeiten anderer zu schlichten.

Der **Grundgedanke der Schlichter-Schulung** besteht darin, dass ältere Schülerinnen und Schüler jüngeren Hilfestellung geben und ihnen zeigen, wie sie ihre Konflikte ohne Gewalt lösen können. Häufig ist die Lösung ein Kompromiss, den beide Streithähne gemeinsam finden. In Schlichtungsgesprächen soll nicht nach Schuldigen gesucht werden. Schlichtungsgespräche sind keine Gerichtsverhandlungen, und Schlichter entscheiden auch nicht über

Recht und Unrecht oder Schuld und Unschuld. Sie suchen statt dessen zusammen mit den Streitparteien nach Lösungen, die für beide Seiten akzeptabel sind, sozusagen nach einem kleinsten gemeinsamen Nenner, auf den sie sich einigen können, um zukünftige Streitigkeiten zu vermeiden. Sie halten die Lösung, auf die sie sich haben einigen können, in einem Vertrag fest, an den zu halten, sie sich freiwillig verpflichten.

III. Bausteine der Schlichter-Schulung

Die Schülerinnen und Schüler erfahren durch das **Schlichtungsgespräch**, dass sie ernstgenommen werden und Hilfe erhalten, wenn sie dies möchten. Mit der Schlichter-Schulung soll erreicht werden, dass Konflikte nicht ungelöst und unbearbeitet bestehen bleiben, sondern so ausgetragen werden, dass sie nicht erneut ausbrechen. Das langfristige Ziel der Schlichter-Schulung ist eine Verbesserung des Schulklimas, denn Lehrer und Schüler finden durch die Schulung zu einem anderen Umgang miteinander, der auch bewirkt, dass sich die Schüler untereinander besser verstehen, zu einem verträglicheren Umgangston miteinander kommen und ihre Konflikte durch gemeinsames Reden lösen.

Die Abbildungen 2-5 zeigen die **Bausteine** der **Schlichter-Schulung**. Am Anfang steht der Wunsch einer Lehrerin oder eines Lehrers oder auch mehrerer, die Schülerinnen und Schüler der eigenen Schule in der Streitschlichtung zu schulen. Sie vergewissern sich der Unterstützung ihres Schulleiters. Der zweite Schritt besteht in der Information des Lehrerkollegiums sowie in der Konsensfindung möglichst vieler Kolleginnen und Kollegen, die Schlichter-Schulung an ihrer Schule zu institutionalisieren. Dann werden die Eltern und die Schülerinnen und Schüler über das Vorhaben informiert. Die Eltern erfahren am Anfang des Schuljahres im Rahmen der ohnehin stattfindenden Elternabende von den Plänen der Lehrerschaft, die Schlichter-Schulung an ihrer Schule durchzuführen. Die Einführung der Schlichter-Schulung wird mit dem Ziel der **Verbesserung des Schulklimas** und mit der **Stärkung der Eigenverantwortlichkeit** der Schülerinnen und Schüler begründet. Es gelingt erfahrungsgemäß leicht, Eltern dafür zu begeistern, zumal sie sich auch dadurch zu Hause Erleichterung im Umgang mit ihren Kindern erhoffen. Diese Hoffnung wird auch nicht enttäuscht, wie die Berichte und Erfahrungen der Schlichter-Schülerinnen und -Schüler über ihren veränderten Umgang mit häuslichen Konflikten zeigen (s. Kap. XI).

Im Anschluss an die Information des Kollegiums erfolgt die Schulung der am Schlichtungsprozess interessierten Lehrerinnen und Lehrer, welche sich im Allgemeinen über ein halbes Jahr erstreckt. Bei bestehenden Streitigkeiten zu diesem Zeitpunkt können sich die Schülerinnen und Schüler an die schon ausgebildeten Schlichter-Lehrerinnen und -Lehrer wenden, bis die Schülerinnen und Schüler der Klassen 10 als Schlichter zur Verfügung stehen.

Die Information aller Schülerinnen und Schüler über die Schlichter-Schulung und die geplante **Ausbildung von Schülerinnen und Schülern zu Schlichtern** geschieht durch die Beratungslehrerinnen und -lehrer in den Klassen selbst sowie auch durch eine Informationsveranstaltung im Rahmen einer SV-Sitzung. Nach der eher allgemein gehaltenen Information finden dann die Projekttage der „9er"-Klassen statt, auf denen ein erstes konkretes Kennenlernen des Schlichtungsgedankens erfolgt und damit eine Entscheidung der Schülerinnen und Schüler für oder gegen die Ausbildung möglich wird.

Im **Zentrum der Schulung** steht das Training der interessierten Schülerinnen und Schüler der Jahrgangsstufe 9, die sich zu Schlichtern ausbilden lassen möchten. Wir haben uns für diese Jahrgangsstufe entschieden, da die Schülerinnen und Schüler in diesem Alter die nötige Reife aufweisen und auch das notwendige Verantwortungsbewusstsein besitzen, um mit der Ausbildung zu beginnen. Da diese sich fast über ein ganzes Schuljahr erstreckt, können sie dann mit Ende des 9. und Beginn des 10. Schuljahres als Schlichterinnen und Schlichter tätig sein.

Die Schulungen erfolgen auf der Grundlage des Mottos „Miteinander statt Gegeneinander" und in diesem Sinn wird auch die Schulung der Wahrnehmung, der Gesprächsführung und der emotionalen Kompetenz durchgeführt (Abb. 2 und 3).

Mit der Schlichter-Schulung ist die Entwicklung der Konfliktfähigkeit der Schülerinnen und Schüler verbunden, und zwar in dem Sinne, dass sie nicht mehr aufeinander losprügeln, sondern lernen, Streitigkeiten mit Worten zu lösen und Kompromisse zu schließen. Insgesamt sind regelmäßige Schülertreffen angesagt, in denen Schlichtungsgespräche geübt werden, die u.a. auch das Selbstwertgefühl der Schülerinnen und Schüler stärken und ihre Konfliktfähigkeit positiv beeinflussen(Abb. 4).

Abb. 5 zeigt alle Bausteine zusammen, aus denen sich die Schlichter-Schulung zusammensetzt. Im Mittelpunkt steht die Verbesserung des Schulklimas als Entwicklungsprozess.

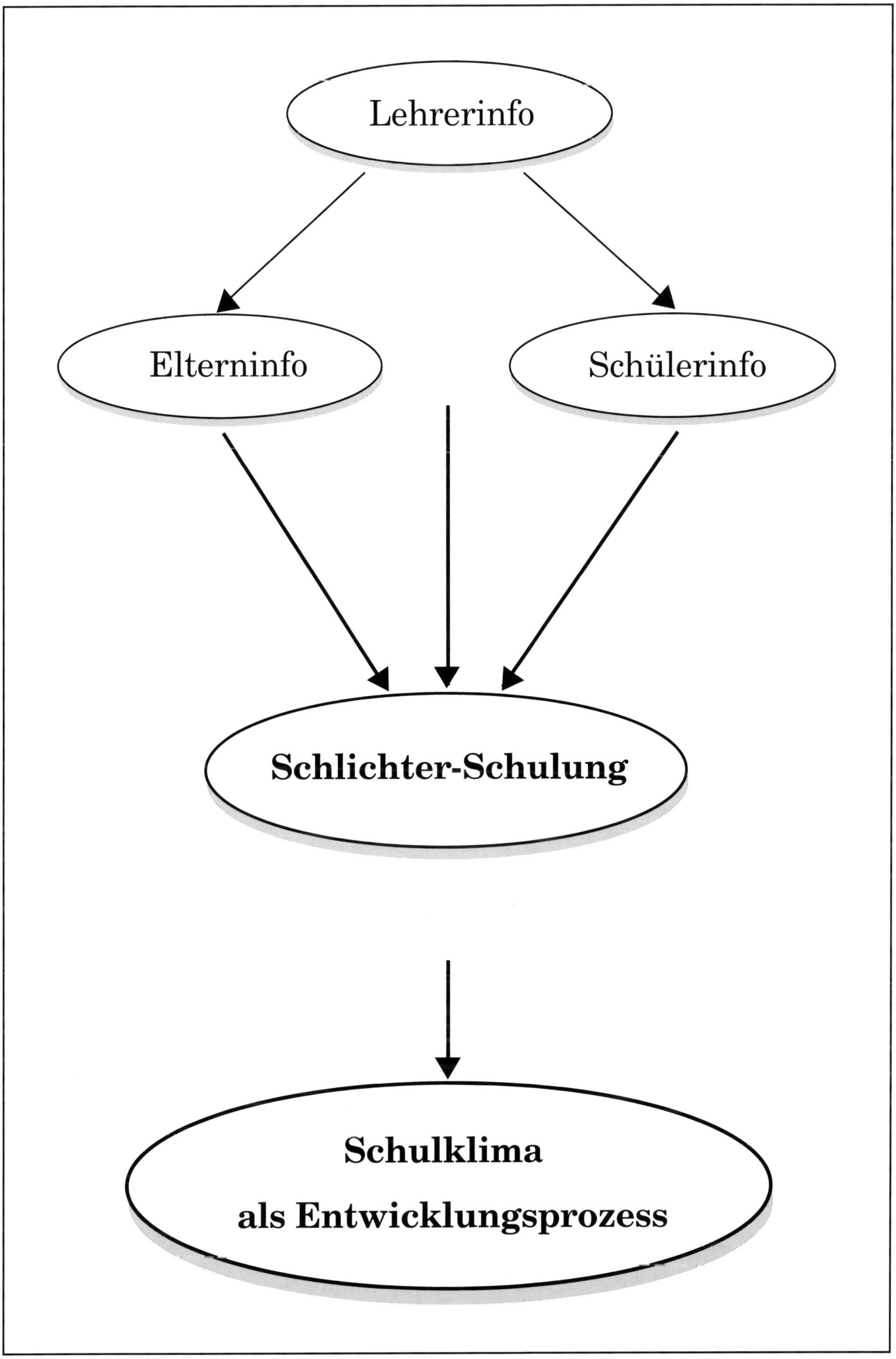
Lehrerinfo
Elterninfo
Schülerinfo
Schlichter-Schulung
Schulklima
als Entwicklungsprozess

Abb. 2

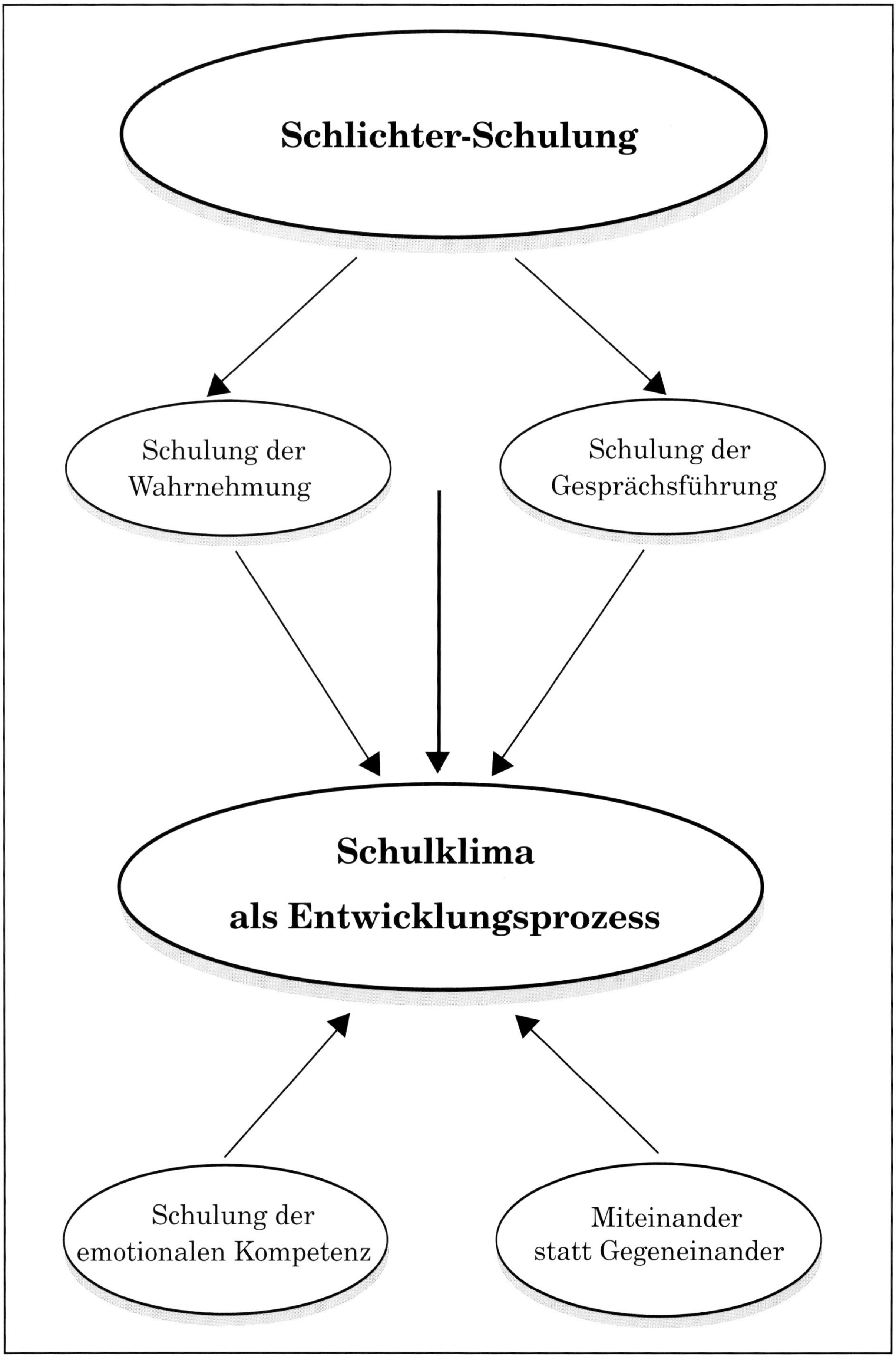
Schlichter-Schulung
Schulung der Wahrnehmung
Schulung der Gesprächsführung
Schulklima
als Entwicklungsprozess
Schulung der emotionalen Kompetenz
Miteinander statt Gegeneinander

Abb. 3

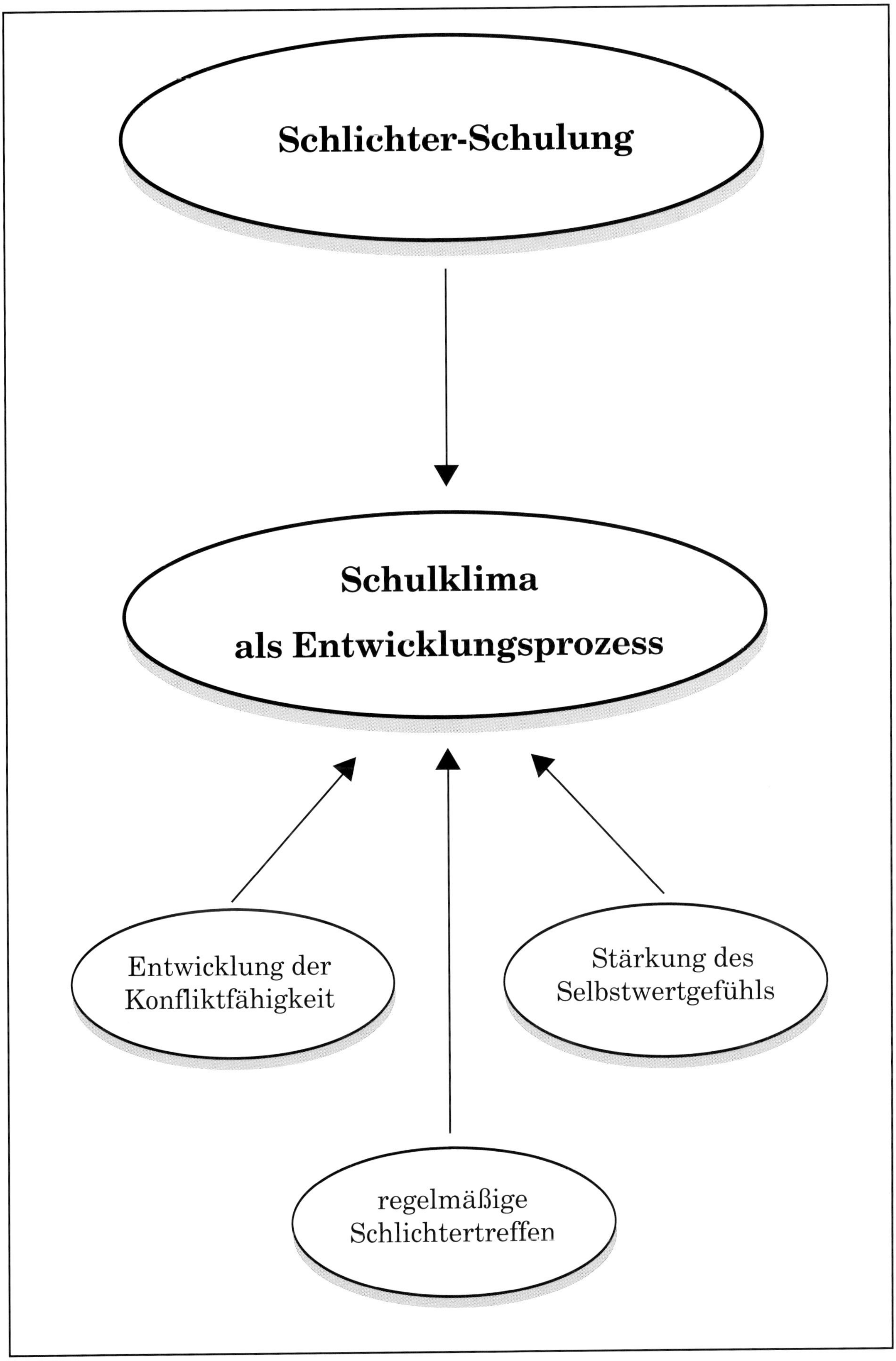
Schlichter-Schulung
Schulklima
als Entwicklungsprozess
Entwicklung der
Konfliktfähigkeit
Stärkung des
Selbstwertgefühls
regelmäßige
Schlichtertreffen

Abb. 4

Schlichter-Schulung

als ein Aspekt des Schulprogramms

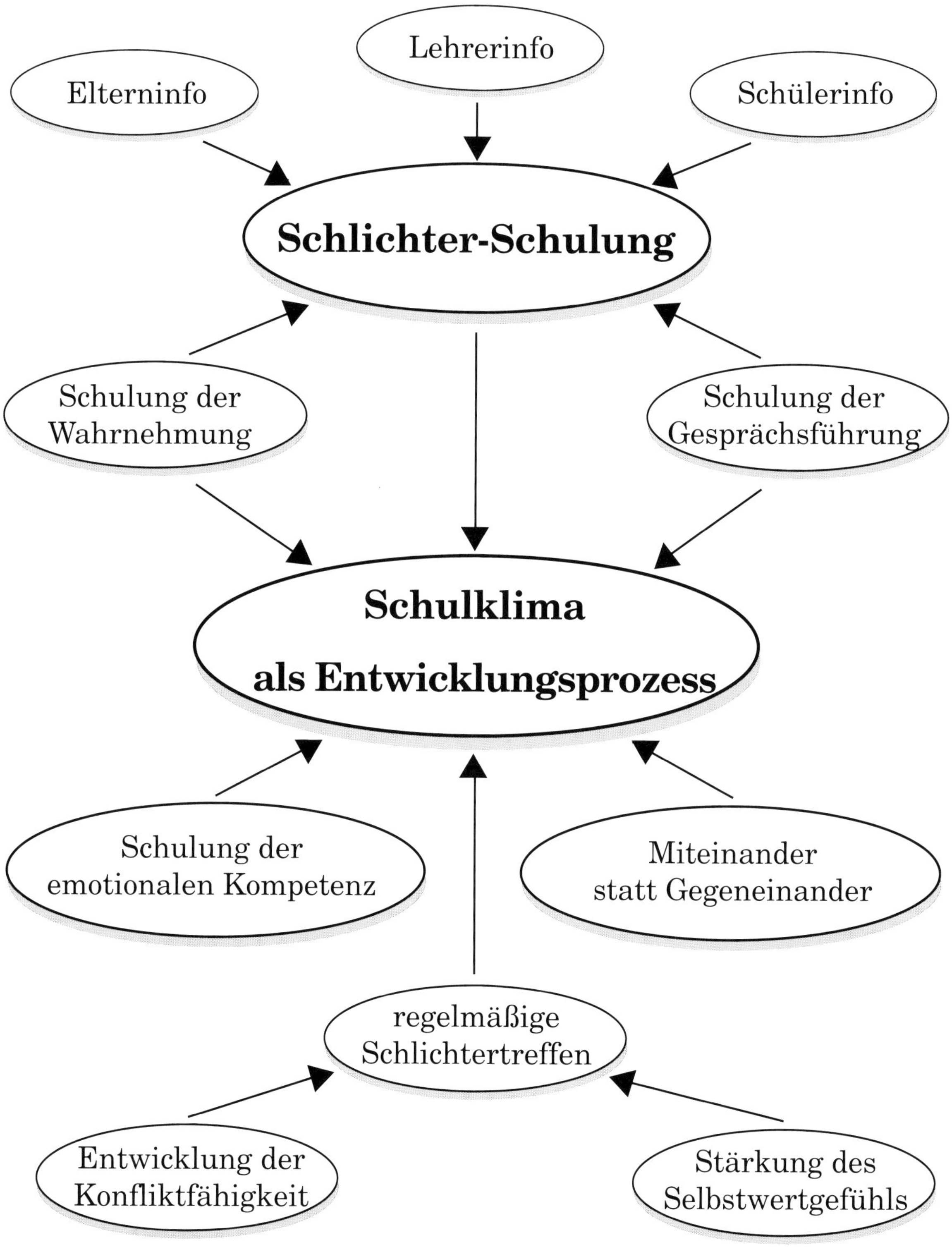

Abb. 5

IV. Aufbau der Schlichter-Schulung

Am Anfang der Schlichter-Schulung steht die Pädagogische Konferenz (Abb. 6). Dann erfolgt das Training der interessierten Lehrerinnen und Lehrer. In einem zweiten Schritt wird im Rahmen eines Projekttages der Gedanke der Schlichtung allen Schülerinnen und Schülern der „9er“- Klassen vorgestellt, so dass die Schülerinnen und Schüler motiviert werden, sich an der Schulung zu beteiligen. An diesem Tag werden natürlich auch die Vorzüge einer Schulung dargestellt, die einmal in den Inhalten des Trainings selbst liegen, zum anderen aber auch in den damit verbundenen angenehmen Rahmenbedingungen. Die zukünftigen Schlichter-Schülerinnen und -Schüler werden sich im Training mit Konfliktlösungen auseinandersetzen, Techniken der Gesprächsführung kennenlernen, Verantwortung übernehmen und am Ende des Trainings eine Bescheinigung (ein „Extrazeugnis“) über die Teilnahme erhalten.

Schon das Training selbst wird für die meisten Schlichter-Schülerinnen und -Schüler von hohem Wert sein und einen persönlichen Gewinn darstellen sowie eine Erweiterung ihrer sozialen Kompetenzen (siehe Kap. XI). Das zusätzliche Zeugnis ist eine Belohnung für ihren Einsatz und das soziale Engagement; ein Zertifikat, das nicht nur ihre Chancen auf dem Lehrstellenmarkt vergrößert, sondern vor allem auch ein deutliches äußeres und sichtbares Anzeichen ist für ihre Fähigkeit zur Übernahme von Verantwortung und für ihre Beteiligung, Aktivität und Mitwirkung an der Verbesserung des sozialen Klimas ihrer Schule. Dieser Anreiz ist in seiner Wirkung nicht zu unterschätzen.

Die Projekt- und später die Trainingstage werden von den Klassenlehrerinnen und -lehrern der „9er“-Klassen sowie den Schlichter- bzw. Beratungslehrerinnen und -lehrern und der Schulpsychologin gemeinsam vorbereitet und so gestaltet, dass die Schülerinnen und Schüler einen Zugewinn an sozialer Kompetenz erhalten und Spaß und Freude am Umgang miteinander haben. Ein gemeinsam vorbereitetes und eingenommenes Frühstück erhöht das Wir- und das Gemeinschaftsgefühl. Der erste Projekttag findet zu Beginn des Schuljahres statt, die weiteren Trainingstage erstrecken sich dann in vier- bis sechswöchigen Abständen über das gesamte Schuljahr. Es empfiehlt sich, das gewohnte Schulgebäude zu verlassen und andere geeignete Räumlichkeiten aufzusuchen.

So fanden z.B. viele Trainingstage der Schlichter-Schülerinnen und -Schüler der Matthias-Claudius-Schule in der Bildungs- und Schulberatung des Kreises Gütersloh statt, die hervorragend mit großen Räumen ausgestattet ist, aber auch in Jugendzentren und Gästehäusern. Dies unterstreicht die Bedeutung der Schlichter-Schulungen. Die auswärtigen Trainingstage waren für die Schülerinnen und Schüler besonders interessant, besaßen sie doch Ausflugscharakter und damit einen hohen Attraktivitätsgrad.

Die Schulungen fanden nicht nur vormittags statt – wer von den Schülern auf Unterrichtsausfall oder gar auf Hausaufgabenbefreiung gehofft hatte, wurde enttäuscht –, sondern ebenfalls nachmittags oder auch an ganzen Tagen. Der persönliche Einsatz war hoch, die zusätzliche zeitliche Belastung nicht unerheblich. Während der Projekttag der „9er“-Klassen für alle Schülerinnen und Schüler Pflicht war, setzte die Teilnahme an der Schlichter-Schulung eine unbedingte Freiwilligkeit der Entscheidung voraus. Niemand wurde gezwungen oder überredet.

Die Freiwilligkeit ist von großer Bedeutung. Die Erfahrung zeigt, dass von den Schülerinnen und Schülern, die sich für eine Schlichter-Schulung anmelden, im Laufe des Trainings bis zu ein Drittel abspringt und aus unterschiedlichen Gründen nicht mehr mitmachen möchte. Dies ist zu akzeptieren.

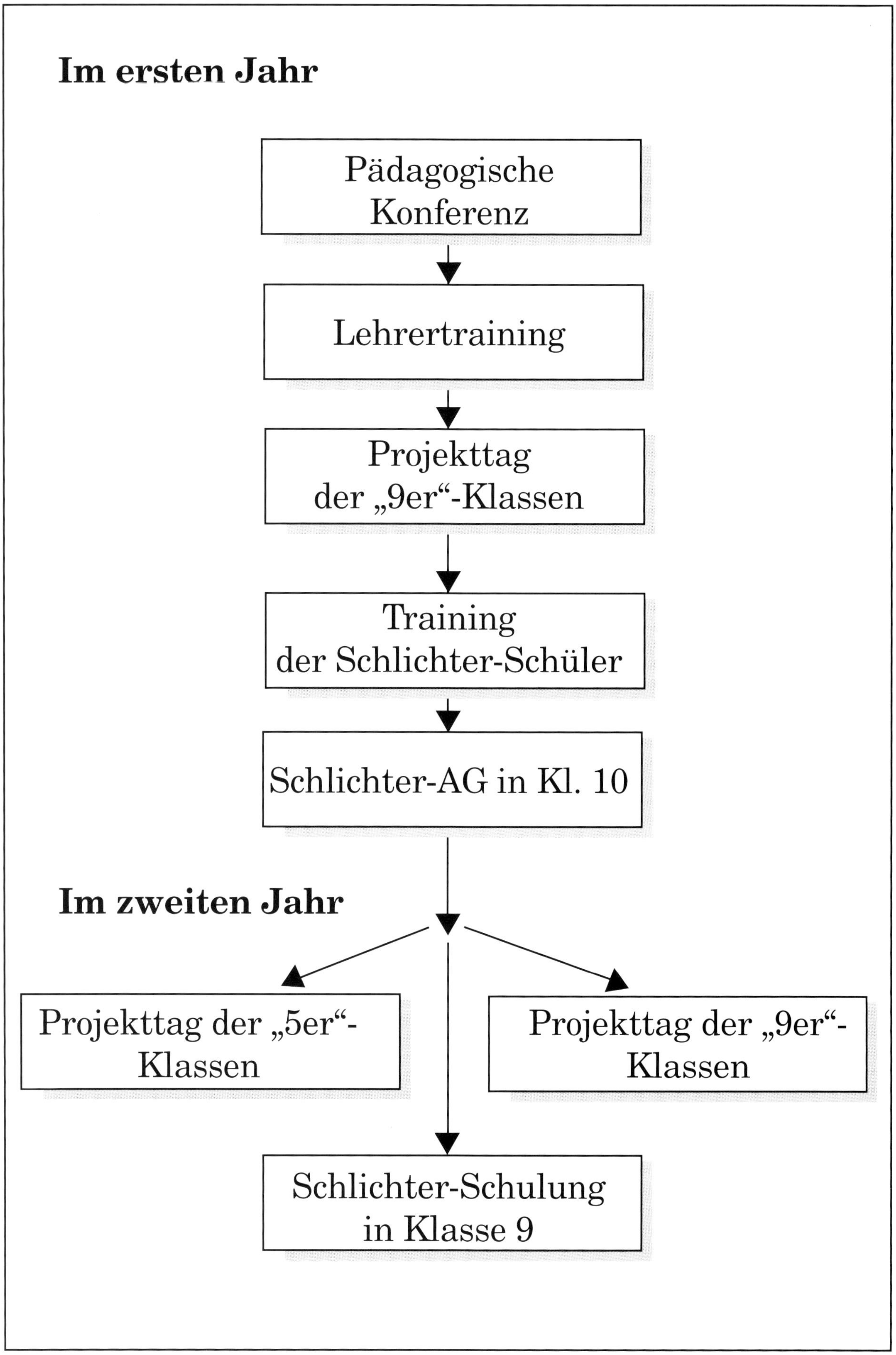
Im ersten Jahr
Pädagogische Konferenz
Lehrertraining
Projekttag der „9er“-Klassen
Training der Schlichter-Schüler
Schlichter-AG in Kl. 10
Im zweiten Jahr
Projekttag der „5er“-Klassen
Projekttag der „9er“-Klassen
Schlichter-Schulung in Klasse 9

Abb. 6

V. Vorstellen des Projekts „Schlichter-Schulung" im Kollegium

Die Beratungslehrerin der Matthias-Claudius-Schule machte sich zunächst bei einer Nachbarschule in Bielefeld, der Adolf-Reichwein-Schule, über die dort institutionalisierte Schlichter-Schulung sachkundig. Der Gedanke der Schlichter-Schulung sagte ihr sehr zu, und sie beriet sich mit der Schulpsychologin des Kreises Gütersloh über die Möglichkeit einer Mithilfe bei der eventuellen Implementierung der Schlichter-Schulung an ihrer Schule. Sie informierte ihren Schulleiter darüber und konnte ihn für die Idee der Schlichter-Schulung gewinnen. Der Schulleiter und die Beratungslehrerin kamen überein, eine pädagogische Konferenz mit dem Schwerpunktthema „Schlichter-Schulung an unserer Schule" auszurichten. Sie wurde von der Beratungslehrerin vorbereitet und auf die Bedürfnisse des Kollegiums der Matthias-Claudius-Schule abgestimmt.

Im Rahmen der Konferenz stellte die Beratungslehrerin das Schlichter-Programm vor, so wie sie es an der Adolf-Reichwein-Schule kennengelernt hatte. Sie zeigte das zur Verfügung stehende Videomaterial (Lit.-Verz.), so dass ihre Kolleginnen und Kollegen einen konkreten Eindruck über den Ablauf einer Schlichtung erhielten und kündigte an, es auf der Grundlage zusätzlicher Literatur und in Zusammenarbeit mit der Schulpsychologin für die Matthias-Claudius-Schule zu adaptieren, zu verändern und zu erweitern, wenn grundsätzlicher Konsens bestünde, eine solche oder ähnliche Schlichter-Schulung auch an der Matthias-Claudius-Schule zu implementieren (Jefferys 1995; Faller 1996; Dulabaum 1998).

Noch während der Konferenz waren etliche Fragen zu klären

- Welche Unterstützung erhalten wir durch die Schulpsychologin?
- Wer leitet die Schulung?
- Welche Form der Schulung wählen wir?
- Über welche Fähigkeiten und Ressourcen verfügen wir selbst?
- Bei welchen Schulen des Umkreises können wir uns Rat und Unterstützung holen?
- Welchen Zeitrahmen setzen wir uns?
- Bestehen Bedenken gegenüber der Schlichter-Schulung?
- Wie gehen wir bei der Schulung der Schülerinnen und Schüler vor?
- Wie organisieren wir die entsprechenden Projekttage?
- Welche Räumlichkeiten stehen uns für die Ausbildung zur Verfügung?
- Wo sollen die Schlichtungsgespräche stattfinden?
- Wie erfahren die Schülerinnen und Schüler von unserem Plan?

Alle Fragen konnten zum Zeitpunkt der Konferenz noch nicht endgültig beantwortet werden. Fest stand lediglich, dass die Unterstützung durch die Schulpsychologin gegeben war, dass alle organisatorischen Fragestellungen bezüglich Raum und Ort gemeinsam mit dem Schulleiter abgestimmt würden und dass die Leitung der Schulung in den Händen der Beratungslehrerin und der Schulpsychologin liegen würde. Alle anderen Antworten ergaben sich sukzessiv und mit fortschreitendem Prozess.

Nicht alle Unsicherheiten lassen sich sofort beseitigen, wenn ein Kollegium bereit ist, neue Wege der Schulentwicklung zu beschreiten. Es gehört immer auch Wagemut und Risikobereitschaft dazu.

In unserem Fall war es so, dass das Kollegium abstimmte und in der Mehrzahl dafür war, sich auf das Projekt einzulassen, so dass die Weichen gestellt waren, mit der Einrichtung einer Schlichter-Schulung zu beginnen. Die Beratungslehrerin konnte eine Gruppe von ca. 15 Lehrerinnen und Lehrern gewinnen, die bereit waren und großes Interesse hatten, nicht nur an der Schlichter-Schulung der Schülerinnen und Schüler mitzuwirken, sondern sich zuvor auch dafür „ausbilden“ zu lassen.

Es ist grundsätzlich günstig, wenn das Schlichter-Programm möglichst vielen Lehrerinnen und Lehrern nahegebracht werden kann und wenn alle an der Schule vorhandenen Beratungslehrerinnen und -lehrer sowie Sozialarbeiterinnen und -arbeiter sich dafür erwärmen. Da es an der Matthias-Claudius-Schule noch eine Beratungslehrerin und zugleich Diplom-Sozialarbeiterin gab, verabredete die Beratungslehrerin mit ihrer Kollegin, die Schlichter-Schulung mit ihr gemeinsam durchzuführen.

Bei der Vorstellung des Projekts im Kollegium sollten mehrere Ziele verfolgt werden (Leiß, Kaeding 1997):

- das Projekt anschaulich erläutern
- gleichen Informationsstand für alle schaffen
- sich das „Okay“ für alle weiteren Maßnahmen einholen
- an die Mitarbeit, das Engagement sowie die Unterstützung aller appellieren
- deutlich auf Belastungen und Mehrarbeit hinweisen.

Gerade der letzte Punkt ist sehr wichtig, nämlich das Mehr an Arbeit, das durch Unterrichtsvertretungen auf alle Kolleginnen und Kollegen zukommen wird, in der Konferenz nicht zu verschweigen. Das Training der Lehrerinnen und Lehrer wird sich ungefähr über ein Schuljahr erstrecken und einen hohen freiwilligen und zusätzlichen Arbeitsaufwand von allen Beteiligten erfordern, sowohl von den Schlichter-Lehrerinnen und -lehrern, die häufig nachmittags ihre unterrichtsfreie Zeit „opfern“, als auch von den Kolleginnen und Kollegen, die des öfteren an Vormittagen, an denen das Training neben den Nachmittagen auch stattfinden wird, Vertretungsstunden geben müssen.

Es bedarf vor allem der Unterstützung durch die Schulleitung und der Absicherung durch die Schulaufsicht. Wenn diese Voraussetzungen gegeben sind, steht der Einführung einer Schlichter-Schulung nichts mehr im Wege.

VI. Training der an der Schlichter-Schulung interessierten Lehrerinnen und Lehrer

Vorbemerkungen

Bei allen Trainingseinheiten, die im Folgenden sowohl für die Schulung der interessierten Lehrerinnen und Lehrer als auch der Schülerinnen und Schüler beschrieben werden, sowie bei der Darstellung aller Projekttage ist zu betonen, dass es sich dabei nicht um geschlossene Programme handelt, sondern um **Anregungen, methodische Hinweise** und **bewährte Vorgehensweisen,** die wir in der Matthias-Claudius-Schule ausprobiert haben. Alle Vorschläge können je nach Schulsituation und Vorerfahrungen, Wissen und Kompetenzen der Beteiligten ausgewählt, erweitert oder auch reduziert werden. Eigene zusätzliche Ideen stellen eine Bereicherung dar und können unsere Darstellungen komplettieren.

Die jeder Trainingseinheit vorangestellten **Grundgedanken** sollen eine Hilfe für die erste theoretische Beschäftigung mit dem Thema und eine kurze Einführung in das Thema sein. Sie stützen sich auf die Literatur, die jeweils angegeben wird. Die Zeitangaben sind ungefähre Richtlinien, von denen selbstverständlich abgewichen werden kann. Ein Thema kann durchaus für Lehrerinnen und Lehrer sowie für Schülerinnen und Schüler so interessant und neu sein, dass weit mehr als die angegebene Stundenzahl dafür genutzt wird. Im umgekehrten Fall ist es auch denkbar, dass weniger Zeit, als angegeben, benötigt wird. Alle Materialien können durch andere entsprechende ersetzt werden. Die Durchführungshinweise sind nicht bindend und können variiert und je nach Vorkenntnissen abgewandelt werden. Dies trifft besonders auf alle Spiele und Interaktionsübungen zu. Jede Schule soll und muss ihren eigenen Weg gehen. Die hier dargestellte Vorgehensweise bei der Schlichter-Schulung stellt nur eine von vielen Möglichkeiten dar und hat keinen Ausschließlichkeitscharakter.

Erste Trainingseinheit: „Konflikte – wie ich dazu stehe"

Grundgedanke:	Konflikte sind vielschichtige Phänomene. Es gibt intra- und interindividuelle Konflikte, die sehr unterschiedliches Konfliktverhalten zur Folge haben, je nach persönlicher Belastung, Erfahrung und auch Zufriedenheit mit Konfliktlösungen. Die Fähigkeit, über verschiedene Konfliktstrategien zu verfügen, ist eine Frage des Bewusstseins und die Folge von Lernprozessen (Peschanel 1993). Neben den persönlichen Konflikten gibt es Paar-, Dreiecks-, Gruppen- und Organisationskonflikte mit jeweils ganz spezifischen Konflikttypen und Konfliktursachen. Übergreifend gibt es bestimmte Muster der Konfliktlösung, die als Flucht-, Vernichtungs-, Unterwerfungs-, Delegations- und Kompromiss- sowie Konsensverhalten bezeichnet werden können (Schwarz 1997). Konflikte – wir beschäftigen uns in diesem Buch mit interindividuellen Konflikten – sind Spannungssituationen, in denen Menschen, die miteinander in einem sozialen System interagieren, Unvereinbarkeiten im kognitiven, emotionalen und handlungsbezogenen Bereich erleben (Glasl 1994). Wir alle haben ein unterschiedliches *Konfliktpotential* in uns, d.h. eine bestimmte Persönlichkeitsstruktur, unterschiedliche Temperamente, Neigungen, Interessen, Verhaltensgewohnheiten und Handlungsbereitschaften. Fortschreitende *Konfliktprozesse* führen zu Wahrnehmungsverzerrungen, Handlungsverstrickungen und Reduktion von Handlungsalternativen. *Konfliktfolgen* können sehr unterschiedlich für uns sein, uns ein Leben lang bedrücken. Wir alle gehen mit Konflikten sehr unterschiedlich um: die einen konfrontativ und keinen Konflikt auslassend, die anderen eher scheu und konfliktvermeidend, je nachdem, welche Erfahrungen wir mit Konflikten gemacht haben. Konflikte gehören zum Alltagsleben der Menschen und lassen sich nicht vermeiden. Konflikte sind weder gut noch schlecht und stören nur dann eine Beziehung, wenn sie nicht für die Konfliktpartner zufriedenstellend ausgetragen werden. Im Umgang mit Konflikten liegen Chancen für die positive Gestaltung von Beziehungen. Schule ist ein soziales System, dessen Funktionieren an Regeln, Rechte und Verpflichtungen gebunden ist. Regeln können verändert werden, aber solange sie bestehen, sollten sie eingehalten werden.
Ziel:	Die Lehrerinnen und Lehrer sollen sich ihrer eigenen Einstellung zu Konflikten bewußt werden und reflektieren, wie sie zu Konflikten stehen.
Zeit:	ca. 2 Doppelstunden

Materialien:	1. Kärtchen im DIN-A5 Format, Stifte 2. Zettel mit vorgedruckten Satzanfängen 3. Musikkassette mit Entspannungsmusik (siehe Lit.-Verz.) 4. Je nach Anzahl der Teilnehmer große, dicke, kleine Äpfel etc.
Durchführung:	Als Einstieg sollte eine Auswahl aus den obigen Materialien getroffen werden. 1. **Metapher-Methode:** Die Tln. sitzen im Kreis und schreiben auf Kärtchen eine Metapher: „Konflikte sind für mich wie...“ (z.B. „das Salz in der Suppe“; „Feuer, vor dem ich zurückschrecke“; „ein reißender Fluß“ etc.). Anschließend werden die Karten gemischt und in die Mitte auf einen Stapel gelegt, mit der Schrift nach unten. Jeder Tln. zieht sich eine Karte und liest die Metapher laut vor, sagt, was er dazu denkt, die anderen Tln. sprechen ihre Assoziationen aus. Anschließend können die Karten danach geordnet werden, ob sie eher Gefühle der lustvollen Konfrontation oder der ängstlichen Evasion ausdrücken. 2. **Satzergänzungen:** Die Zettel mit den Satzanfängen werden in Stillarbeit ausgefüllt, anschließend in Partnerarbeit besprochen (Abb.7). 3. **Angeleitete Phantasie mit Musik:** Die Tln. werden gebeten, sich entspannt hinzusetzen und die Augen zu schließen. Sie hören eine Entspannungsmusik und die Begleitstimme der Moderatorin: „Bitte stellen Sie sich Ihren letzten zurückliegenden Konflikt mit Ihrem Freund, Ehepartner, Kollegen oder Kind bildlich, wie in einem Film, vor. – Worum ging es bei dem Konflikt? – Welches Verhalten haben Sie gezeigt? – Gab es verbale Verletzungen? Jetzt wird der Film angehalten und Sie sehen sich und Ihren Konfliktpartner auf einem Standbild. – Was tun Sie beide gerade? – Wie ist Ihre Körperhaltung? – Ihr Gesichtsausdruck?

Sehen Sie möglichst genau hin.

- Können Sie einen Gefühlsausdruck erkennen?
- Woran erkennen Sie ihn?

Nun läuft der Film weiter.

- Wie verläuft der Konflikt?
- Ist er gelöst?
- Sind Sie mit der Lösung zufrieden?

Nun kommen Sie wieder langsam in das Hier und Jetzt zurück, recken und strecken Sie sich und öffnen Ihre Augen."

Die Tln. tauschen sich über ihre Erlebnisse im Plenum oder Partnergespräch aus.

4. **Konfliktregelung:** (Obstkorb) In den Innenkreis wird eine bunte Mischung von großen, kleinen, grünen, roten Äpfeln gelegt. Die Tln. werden gebeten, sich in aller Ruhe die Äpfel anzusehen und sich dann stillschweigend einen auszusuchen und ihn mit den Augen zu fixieren. Dann werden alle aufgefordert in die Mitte zu gehen und sich den vorher ausgewählten Apfel zu nehmen.

   Mit Sicherheit haben sich mehrere Tln. denselben Apfel ausgesucht. Wer setzt sich wie durch? Wer verzichtet? Wer greift beherzt zu? Wer hat keinen Apfel abbekommen? Diskussion.

Satzergänzungen

1. Konflikte sind für mich

2. Ich denke, dass Menschen, die häufig streiten,

3. Man sollte Konflikte vermeiden, denn

4. Wenn ich daran denke, mich zu streiten, dann

5. Mein letzter zurückliegender Konflikt ist folgendermaßen für mich ausgegangen:

6. Ich liebe Konflikte, weil

Abb. 7

Zweite Trainingseinheit: „Gefühle – wie ich mit Wut und Ärger umgehe“

Grundgedanke:	Gefühle sind Grundbefindlichkeiten des Erlebens, werden von den Gedanken beeinflusst und steuern unser Handeln und Tun. Es gibt Menschen, die nicht aus der Ruhe zu bringen sind und wiederum andere, die hitzköpfig und aufbrausend reagieren. Wir unterscheiden *Gefühle, Stimmungen* und *Affekte*. Letztere, wie zum Beispiel Wut und Ärger, sind mächtige Wirkfaktoren, die mit starken Ausdrucksbewegungen und mit messbaren physiologischen Veränderungen einhergehen und das Verhalten eines Menschen bestimmen. Die Gefühlserregbarkeit scheint anlagebedingt zu sein, der Umgang mit seinen Gefühlen jedoch das Resultat von Lernerfahrungen (Goleman 1998). Aggressive und gewalttätige Kinder und Jugendliche reagieren in Konfliktsituationen sehr oft emotional, sie sind jähzornig und lassen sich von ihren Gefühlen hinreißen. Sie lassen ihre Wut heraus, schaukeln sich auf und verstärken damit ihre Empfindungen. Das Ausagieren starker Gefühlsaufwallungen führt zu verzerrten Wahrnehmungen und eingeschränkten Handlungsalternativen. Viele Kinder und Jugendliche können weder ihre eigenen Gefühle unter Kontrolle halten, noch die Gefühle anderer erkennen, geschweige denn sich in die Gefühle anderer hineinversetzen. Sie verfügen weder über sog. Deeskalationsstrategien noch über Möglichkeiten, sich sinnvoll abzureagieren, ohne anderen dabei zu schaden. Sie besitzen auch nicht die Fähigkeit zur Empathie und wissen nicht, wie Gefühle gestisch und mimisch ausgedrückt und bei anderen gedeutet werden können. Empathie ist eine wichtige Voraussetzung, um sich in Konfliktsituationen sozial kompetent zu verhalten. Der Begriff der „emotionalen Intelligenz“ drückt aus, wie wichtig es ist, seine Gefühle angemessen regulieren zu können und sich nicht von ihnen beherrschen zu lassen (Goleman 1998).
Ziel:	Die Lehrerinnen und Lehrer sollen sich die Skala der Gefühlsabstufungen bewusst machen und als Vorübung für das Aktive Zuhören unterschiedliche Gefühle benennen können. Sie sollen sich vergegenwärtigen, wie sie selbst Gefühle in Mimik und Gestik ausdrücken, wie sie mit starken Gefühlen umgehen und welche Strategien sie zur Gefühlsregulierung nutzen. Sie sollen verschiedene Entspannungsmethoden kennenlernen.
Zeit:	ca. 2 Doppelstunden
Materialien:	– Karten im DIN-A5 Format, Stifte

	– Kleine Karten mit Gefühlsbezeichnungen sowie Zettel mit unterschiedlichen Sätzen wie „Morgen essen wir Spaghetti!“ etc. – Kassettenrecorder, Entspannungsmusik, Entspannungsgeschichten (s. Lit.-Verz.) – Verschiedene Schlaginstrumente: Trommeln, Rasseln, Pauken, Xylophon, Schellen etc.
Durchführung:	1. **Geräuschkette:** Verschiedene Musikinstrumente ohne Nachklang werden auf dem Boden im Kreis ausgebreitet. **Warming up:** Alle Tln. sitzen im Kreis, jeder hat ein Instrument in Händen, jeder darf es einmal anschlagen, es geht reihum. Schlägt jemand sein Instrument zweimal an, wird die Richtung gewechselt, schlägt jemand es dreimal an, wird der Nachbar übersprungen etc. Weitere Regeln können festgelegt werden. **Affektive Improvisation:** Vier Karteikarten, auf denen die Gefühle *Wut, Trauer, Angst* und *Freude* notiert sind, werden in die Kreismitte gelegt. Alle Tln. erarbeiten mit dem zur Verfügung stehenden Orff- und Schlaginstrumentarium in einer kurzen Erprobungsphase für jedes Gefühl eine elementare musikalische Ausdrucksform. Ein Tln. beginnt, eines der vier Gefühle, ohne dieses bekanntzugeben, der Gruppe vorzuspielen. Die anderen erraten das dargestellte Gefühl. **Variante:** Ein Tln. beginnt mit der musikalischen Darstellung eines Gefühls. Alle, die dieses Gefühl erkannt zu haben glauben, spielen ihre Version dazu. Erfahrungsaustausch. 2. Es werden jeweils 4 Kärtchen mit den Überschriften: „glücklich“, „traurig“, „wütend“ und „entsetzt“ an die Tafel geheftet. Die Lehrerinnen und Lehrer erhalten Karten und schreiben so viele Gefühlsabstufungen wie möglich auf und heften sie passend unter die Kärtchen (Abb. 8). **Reflexion:** In Partnerarbeit tauschen sie Erfahrungen und Erlebnisse mit ausgewählten Gefühlsbezeichnungen aus. Gibt es Gefühle, die sie gut kennen und andere, die sie seltener empfinden? 3. Es werden Kleingruppen gebildet und Karten ausgeteilt mit unterschiedlichen Gefühlsbezeichnungen wie Freude, Trauer, Wut, Enttäuschung etc. Alle Tln. erhalten einen Zettel, auf dem derselbe Satz geschrieben ist: „Morgen essen wir Spaghetti!“ oder „Mein Herr, stehen Sie auf!“. Die Tln. sprechen den Satz mit einer bestimmten Gefühlsbetonung entsprechend ihrer Karte. Die anderen Tln. erraten das Gefühl.

	4. Die Tln. sitzen bequem auf ihrem Stuhl und haben die Augen geschlossen. Sie fühlen sich in eine Musik ein und hören dazu eine Geschichte (Else Müller 1987).

Gefühlsabstufungen: Ich fühle mich/ Ich bin:

glücklich	**traurig**	**wütend**	**entsetzt**
überglücklich	unglücklich	verzweifelt	erschrocken
begeistert	niedergeschlagen	erbost	gelähmt
großartig	vergrämt	wütend	angsterfüllt
phantastisch	bedrückt	ärgerlich	panisch
entzückt	hoffnungslos	beleidigt	überwältigt
aufgeregt	einsam	aufgebracht	erstarrt
aufgedreht	elend	rasend	versteinert
freudig erregt	ausgelaugt	verbittert	bestürzt
fröhlich	düster	mürrisch	gereizt
erheitert	trostlos	belästigt	verschreckt
froh	unsicher	erzürnt	unbehaglich
heiter	irritiert	frustriert	beunruhigt
erfreut	gekränkt	eingeschnappt	verletzt
zufrieden	beschämt	gepeinigt	angespannt
ausgeglichen	entmutigt	vergnatzt	unsicher
behaglich	leer	genervt	unwohl

Abb. 8

Dritte Trainingseinheit: Gesprächsverhalten – was ist wichtig?

Grundgedanke:

Wir alle, Lehrer, Eltern und Schüler gleichermaßen, sehnen uns nach guten Gesprächen, machen jedoch immer wieder die Erfahrung, dass wir aneinander vorbeireden, nicht verstanden werden und auch nicht immer das ausdrücken können, was wir gerne möchten. Warum kommt es in Gesprächen immer wieder zu Missverständnissen, warum misslingen Gespräche, warum gehen wir so oft frustriert aus einem Gespräch heraus?

Die Gründe dafür sind vielfältig. Wir hören meistens nicht richtig zu, bringen unsere Argumente, ohne die des Gesprächspartners zu berücksichtigen Wir haben unsere feste Meinung und lassen uns davon im Gespräch nicht abbringen. Wir argumentieren häufig dort sachlich, wo unser Gesprächspartner von uns eventuell eine Gefühlsaussage erwartet hätte, und wir antworten manchmal sehr emotional, wo eine sachliche Antwort angebracht gewesen wäre. Mit anderen Worten: wir sprechen häufig auf mehreren Ebenen, nicht eine gemeinsame Sprache und schon gar nicht mit einer Zunge. Erschwerend kommt hinzu, dass wir mit vier Ohren hören, und damit sind Missverständnisse vorprogrammiert (Miller 1995; Schulz v. Thun 1995).

Beispiel für gestörte Kommunikation:

- Wenn z.B. eine junge Frau ihren Verlobten fragt: „Sag einmal, Liebling, wollten wir nicht in diesem Sommer heiraten?“ Und der junge Mann mit der Frage antwortet: „Ja, hatten wir denn überhaupt in diesem Jahr einen Sommer?“ dann wird deutlich, dass die beiden auf verschiedenen Ebenen miteinander sprechen, entweder aus Unvermögen, dieselbe Ebene zu finden, oder sie tun dies bewusst und mit ‚guten‘ Gründen. Auf jeden Fall sprechen sie aneinander vorbei, ihre Kommunikation ist gestört.

Ein anderes ähnliches Beispiel:

- Sie fragt ihn: „Liebst du mich noch?“ und er antwortet: „Dann müssten wir erst einmal ‚Liebe‘ definieren ...!“

Was ist in beiden Kommunikationen geschehen? Die Partner haben unterschiedliche Gesprächsebenen gewählt: sie die *Beziehungsebene*, er die *Sachebene*. Neben diesen beiden Ebenen gibt es noch zwei andere, nämlich die *Selbstoffenbarungsebene* und die *Appellebene*. Wir kommunizieren immer auf einer der vier Ebenen, d.h. wir sprechen und senden und empfangen und hören gleichermaßen eine der vier Botschaften. Der Empfänger ist zunächst einmal verwirrt, er muss sich entscheiden, mit welchem Ohr er die Nachricht aufnehmen will. Dies sind Entscheidungsprozesse, die blitz-

	schnell ablaufen, in Sekundenschnelle und meistens unbewusst. Es gibt Menschen, die häufig die Beziehungsebene wahrnehmen, die sozusagen „die Flöhe husten hören", auch dann, wenn gar keine da sind. **Kommunikation** ist eine komplexe Angelegenheit und kann in ihre Einzelbestandteile zerlegt – anatomisch seziert – werden. Es gibt in der Kommunikation viele Fallstricke. Die Entschlüsselung einer Botschaft besteht in einem Hin- und Herpendeln zwischen Sender und Empfänger, in einem Nachfragen und einem ständigen Sich-Vergewissern (Miller 1995; Schulz v. Thun 1995).
Ziel:	Die Lehrerinnen und Lehrer sollen Unterschiede zwischen gutem und schlechtem Gesprächsverhalten kennenlernen und in vielfältigen *Kommunikationsübungen* sowohl verbales als auch nonverbales positives Gesprächsverhalten einüben. Sie sollen die inneren und äußeren Bedingungen kennenlernen, die ein gutes Gespräch begünstigen. Sie sollen die „Anatomie" einer Botschaft, d.h. die 4 Ebenen, auf denen ein Gespräch geführt werden kann, kennenlernen und sich darin üben, diese zu berücksichtigen. Sie sollen erfahren, dass sie als Sender einer Botschaft nicht sicher sein können, wie der Empfänger das Gesagte aufgenommen hat, solange sie nicht dessen Antwort kennen. Eine Botschaft sollte immer kongruent gegeben werden, d.h. in sich stimmig oder in Übereinstimmung mit verbalem und körperlichem Ausdruck (Gestik, Mimik, Körperhaltung, räumliche Distanz und Nähe etc.).
Zeit:	ca. 6 Doppelstunden
Materialien:	1. Abb. 9: Meine Gesprächserfahrungen (Miller 1995). 2. Abb. 10: Anweisung für ein Gespräch, in dem jeder Tln. eine feste Meinung vertritt und sich auch während des Gesprächs nicht davon abbringen lässt. Fünf verschiedenfarbige Hüte. 3. Abb. 11 und 12: Innere und äußere Bedingungen eines guten Gesprächs. 4. Abb. 13 und 14 bzw. Karteikarten mit Anweisungen für positives und negatives Gesprächsverhalten. 5. Abb. 15, 16a, b und 17a, b, 18a, b, 19a, b zum Kommunikationsmodell (Schulz v. Thun 1995). 6. Abb. 20 wird in Kleingruppen bearbeitet.

Durchführung:

Die obigen Materialien können sukzessiv oder auch alternativ eingesetzt werden.

1. Die Lehrerinnen und Lehrer füllen in Stillarbeit das Arbeitsblatt aus (Abb. 9). Anschließende Besprechung in Partnerarbeit. Es wird ein Tafelbild erstellt mit zwei Überschriften: gutes Gespräch – schlechtes Gespräch, die jeweils passenden Antworten, wie z.B.: „Ich konnte meine Meinung sagen" oder „Ich bin nicht zu Wort gekommen" werden entsprechend daruntergeschrieben.

2. Fünf Teilnehmer führen ein Gespräch über ein vorher festzulegendes Thema, wie z.B. Lehrerausflug (Abb. 10). Sie erhalten jeder einen farbigen Hut aus Papier: weiß, schwarz, rot, gelb, blau mit entsprechenden Verhaltensanweisungen. Das Gespräch wird zu keinem Ergebnis führen, weil alle Tln. auf ihren Standpunkten beharren und sich nicht aufeinander zubewegen. Genau dies wird Gegenstand der anschließenden Diskussion sein.

   Diskussionsthemen:

   - Wie haben sich die Tln. in ihrer Rollenfestlegung gefühlt?
   - Was haben die anderen beobachtet?
   - Was ist ein gutes Gespräch, wodurch ist es gekennzeichnet?

   Ein *gutes Gespräch* ist gekennzeichnet durch Offenheit – das Ergebnis liegt nicht fest – und durch die Bereitschaft, nicht nur seine eigene Meinung zu sagen, sondern auch die der anderen in sich aufzunehmen, abzuwägen und als Gesprächsergebnis einen Kompromiss zu finden, der möglichst viele zufriedenstellt.

3. Die *inneren und äußeren Bedingungen* für ein gelingendes Gespräch werden gesammelt und auf Arbeitsblättern festgehalten (Abb. 11 und 12). Bei dieser Gelegenheit werden auch die Gesprächsbarrieren besprochen, die sog. Gesprächskiller: Es sind Anweisungen, Anordnungen, Ratschläge, Ermahnungen und Verbote.

4. Es werden *Rollenspiele* durchgeführt. Ein Gesprächspartner erzählt dem jeweils anderen ein Erlebnis, das ihn sehr berührt hat, z.B. eine Lehrerin der Kollegin vom Sturz eines Schülers auf einem Klassenausflug. Im ersten Rollenspiel zeigt die Kollegin nur negatives Gesprächsverhalten (Abb. 13), im zweiten zeigt sie positives Gesprächsverhalten (Abb. 14).

5. Den Lehrerinnen und Lehrern wird das *Kommunikationsmodell* nach Schulz v. Thun (1995) und Miller (1995) in der Theorie (Abb.

15, eventuell Folie) erklärt und dann anhand der Arbeitsblätter (Abb. 16-17) verdeutlicht. In Partnerarbeit sollen sich die Tln. zu den Arbeitsblättern (Abb. 16a, 17a, 18a und 19a) zunächst Gedanken machen und diese notieren, bevor sie die Arbeitsblätter (Abb. 16b, 17b, 18b und 19b) erhalten.

Variante:

Bevor die Folien gezeigt werden, können Rollenspiele zu den Themen: *Mittagessen* „Was ist das Grüne in der Suppe?" und *Autofahren* „Du, da vorne ist grün!" durchgeführt werden. Sie werden jeweils von den Teilnehmerinnen und Teilnehmern nach Regieanweisung mit Requisiten (Tisch, Teller, Stühle, Frisbee-Scheibe als Steuer etc.) anschaulich gespielt.

Beispiel *Mittagessen*: Zwei Personen (Herr und Frau X) sitzen am Tisch und essen Suppe. Er fragt: „Was ist das Grüne in der Suppe?" oder Beispiel *Autofahren*: Zwei Personen (Herr und Frau Z) fahren im Auto, sie fährt, er sitzt daneben. Er sagt: „Du, da vorne ist grün!" (Abb. 20). Dabei ist es wichtig, dass der Antwortende (also Frau X oder Frau Z) jeweils von vier verschiedenen Personen gespielt wird, um die vier unterschiedlichen Antwortsituationen deutlich zu machen. Herr X und Herr Z können von derselben Person gespielt werden.

Die zuschauenden und beobachtenden Lehrerinnen und Lehrer sollen jeweils nach den Spielen die unterschiedlichen Aspekte, die die Antwortenden hinter den Fragen wahrgenommen haben, herausfinden: *Sache, Appell, Beziehung* und *Selbstoffenbarung*. Sie sollen zunächst die Ebenen frei formulieren. Dann erhalten sie vier Kärtchen mit der Aufschrift: Sache, Beziehung, Appell und Selbstoffenbarung und können diese den auf einer Flip-Chart aufgeschriebenen Antworten zuordnen.

Beispiel:

- Das sind Kapern. (*Sache*)
- Ich lasse das nächste Mal die Kapern weg. (*Appell*)
- Wenn es dir bei mir nicht schmeckt, geh doch woanders hin. (*Beziehung*)
- Die Suppe schmeckt dir wohl nicht? (*Selbstoffenbarung*)

6. Die Lehrerinnen und Lehrer bilden Kleingruppen von vier Tln. und bearbeiten ein Arbeitsblatt (Abb. 21): Einer liest einen Satz möglichst expressiv, mit Betonung und passender Gestik und

Mimik laut vor, die anderen notieren ihre Antwort entsprechend dem, was sie wahrgenommen haben. Anschließend werden die Antworten in der Kleingruppe verglichen. Es ist durchaus möglich, dass sich bei einigen Tln. eine Ebenenbevorzugung zeigt, d.h. eine „Dominanz“ oder auch „Überempfindlichkeit“ eines der vier Ohren. Dies könnte diskutiert werden.

Männer und Frauen unterscheiden sich in der Bevorzugung bestimmter Ebenen. Es lässt sich beobachten, dass Frauen sehr häufig die Beziehungs- und die Selbstoffenbarungsebene ansprechen und sehr sensibel für die Wahrnehmung von Appellen sind.

Variante: Abb. 22: Die Tln. versuchen, nacheinander auf allen vier Ebenen zu antworten und dabei ganz bewusst mit den Ebenen zu „jonglieren“.

Meine Gesprächserfahrungen

1. Denken Sie an ein Gespräch, das nicht so verlief, wie Sie es sich wünschten. Woran lag das? Nennen Sie einige der vermutlichen Gründe.

2. Erinnern Sie sich an ein Gespräch, mit dem Sie anschließend sehr zufrieden waren.

Abb. 9

Fünf Kollegen eines Kollegiums führen ein Gespräch über die Möglichkeit, einen Lehrerausflug zu unternehmen: Wohin soll es gehen? Wollen wir überhaupt einen Lehrerausflug machen?

Sie zeigen dabei ein ganz bestimmtes Rollenverhalten. Sie tragen farbige Hüte aus Papier (Bastelanleitung, siehe Anhang), wobei jeder Farbe ein Gesprächsverhalten entspricht.

Herr Weiß	übernimmt die Gesprächsführung. Er führt und lenkt das Gespräch. Er ruft seine Kollegen auf, erteilt und entzieht ihnen das Wort.
Frau Schwarz	hat überhaupt keine Lust. Sie verweist auf das schlechte Wetter und darauf, dass sie wegen ihrer Kniebeschwerden nicht gehen könne. Der letzte Lehrerausflug sei ein Flop gewesen und habe ihr gar nicht gefallen. Sie sieht alles pessimistisch, hat gegen alles Einwände, nörgelt, sieht schwarz und blockt ab.
Frau Rot	ist begeistert, macht euphorisch Vorschläge, ist jedoch auch schnell gekränkt und beleidigt, wenn ihr Vorschlag nicht angenommen wird. Ihre Stimmungen sind sehr wechselhaft.
Frau Grün	ist optimistisch und verhält sich konstruktiv. Sie verweist auf ihre guten Erfahrungen in ihrer letzten Schule, ist bereit die Organisation zu übernehmen.
Herr Blau	ist abwartend und zurückhaltend. Er ist der geborene Statistiker und möchte erst einmal eine Fragebogenaktion durchführen, die Auswertung abwarten und die Meinung der anderen Kollegen einholen. Seine letzten Umfrageergebnisse sprechen eher gegen eine mögliche Einigung. Er operiert mit Zahlen und Fakten.

Abb. 10

Äußere Bedingungen für ein gelingendes Gespräch:

- **Gesprächsangebot machen**
- **Gesprächsbereitschaft einholen**
- **sich Zeit nehmen**
- **Zeitrahmen setzen**
- **angenehmer heller Raum**
- **Atmosphäre schaffen**
- **keine äußeren Störungen**
- **auf die Sitzanordnung achten**
- **offene, dem Partner zugewandte Sitzhaltung**
- **Blickkontakt halten**

Abb. 11

Innere Bedingungen für ein gelingendes Gespräch:

- **Einstellung auf den Gesprächspartner**
- **sich Zeit nehmen**
- **inhaltliche Vorbereitung auf das Gespräch**
- **Gelassenheit**
- **Ruhe ausstrahlen**
- **positive Grundeinstellung haben**
- **bereit sein zuzuhören**
- **Augen und Ohren offenhalten**
- **aktiv zuhören**

Abb. 12

Rollenspiel: Eine Kollegin erzählt Ihnen ganz aufgebracht von einem Erlebnis auf einem Klassenausflug. Einer ihrer Schüler stürzte mit dem Fahrrad, brach sich den Knöchel. Die Kollegin macht sich Vorwürfe und fürchtet, nicht genug aufgepasst zu haben.

Sie führen das Gespräch und verhalten sich dabei äußerst „negativ“:

- **Sie nehmen keinen Blickkontakt mit Ihrer Partnerin auf.**
- **Sie schauen ständig auf Ihre Uhr, so als stünden Sie unter Zeitdruck.**
- **Sie stöhnen über die Hitze und fragen, ob nicht jemand das Fenster öffnen könne bzw. öffnen es selbst.**
- **Sie entdecken einen Fussel auf Ihrer Jacke.**
- **Sie haben etwas im Auge bzw. sind durch andere Dinge abgelenkt.**
- **Sie gähnen vor Langeweile.**
- **Sie verhalten sich hektisch und unruhig.**
- **Sie bagatellisieren und verharmlosen.**
- **Sie geben Ratschläge, was zu tun sei.**
- **Sie erzählen von sich und einem ähnlichen Erlebnis.**

Abb. 13

Rollenspiel: Eine Kollegin erzählt Ihnen ganz aufgebracht von einem Erlebnis auf einem Klassenausflug. Einer ihrer Schüler stürzte mit dem Fahrrad, brach sich den Knöchel. Die Kollegin macht sich Vorwürfe und fürchtet, nicht genug aufgepasst zu haben.

Sie führen das Gespräch und verhalten sich dabei sehr „positiv“:

- **Sie schauen Ihre Gesprächspartnerin interessiert an.**
- **Sie blicken voller Mitgefühl.**
- **Sie nicken oft zustimmend und korrespondieren in Körperhaltung und Mimik.**
- **Sie berühren sie eventuell voller Anteilnahme.**
- **Sie sind ruhig und gelassen.**
- **Sie fühlen mit und geben ihr dies zu verstehen.**
- **Sie geben keine Ratschläge, sondern überlegen mit ihr gemeinsam, was zu tun ist.**
- **Sie ermuntern sie auszusprechen, was sie befürchtet.**
- **Sie greifen ihre Gedanken auf und sprechen ihre Gefühle aus.**

Abb. 14

Die vier Seiten einer Nachricht

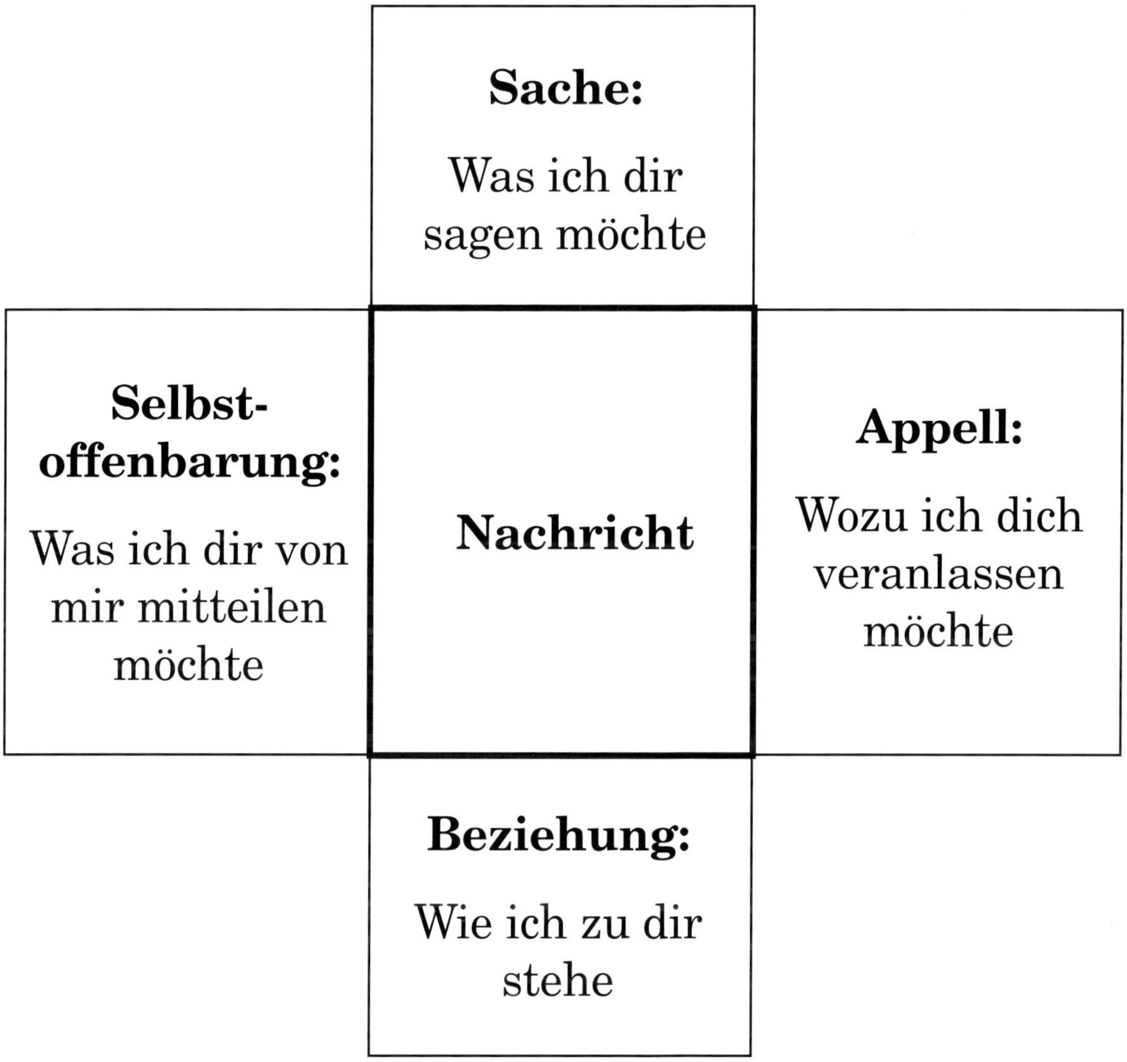

Abb. 15: Quelle: nach Schulz von Thun 1995

Sender: Was denkt er?

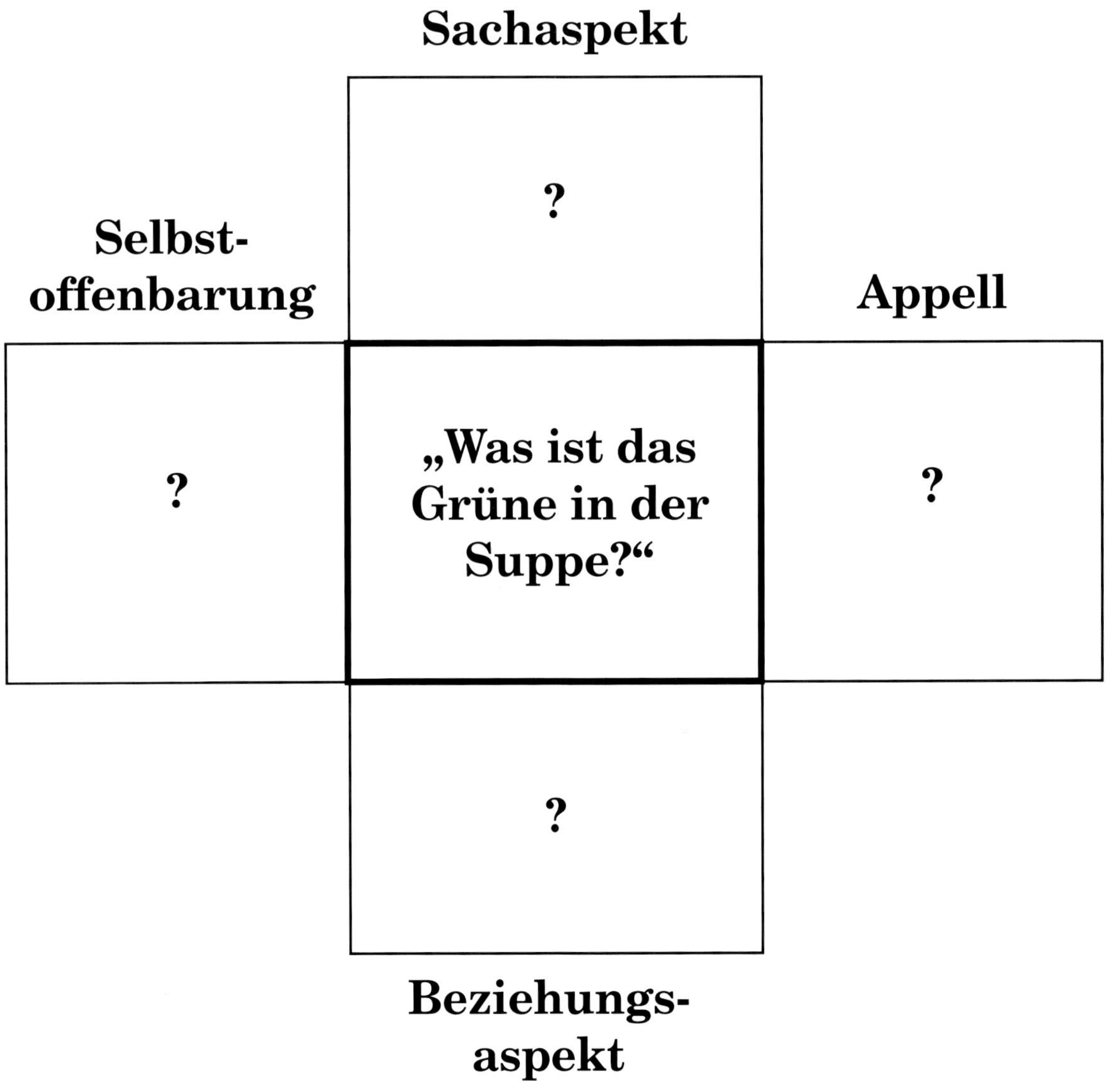

Abb. 16a: Quelle: nach Schulz von Thun 1995

Sender: Was er denken könnte

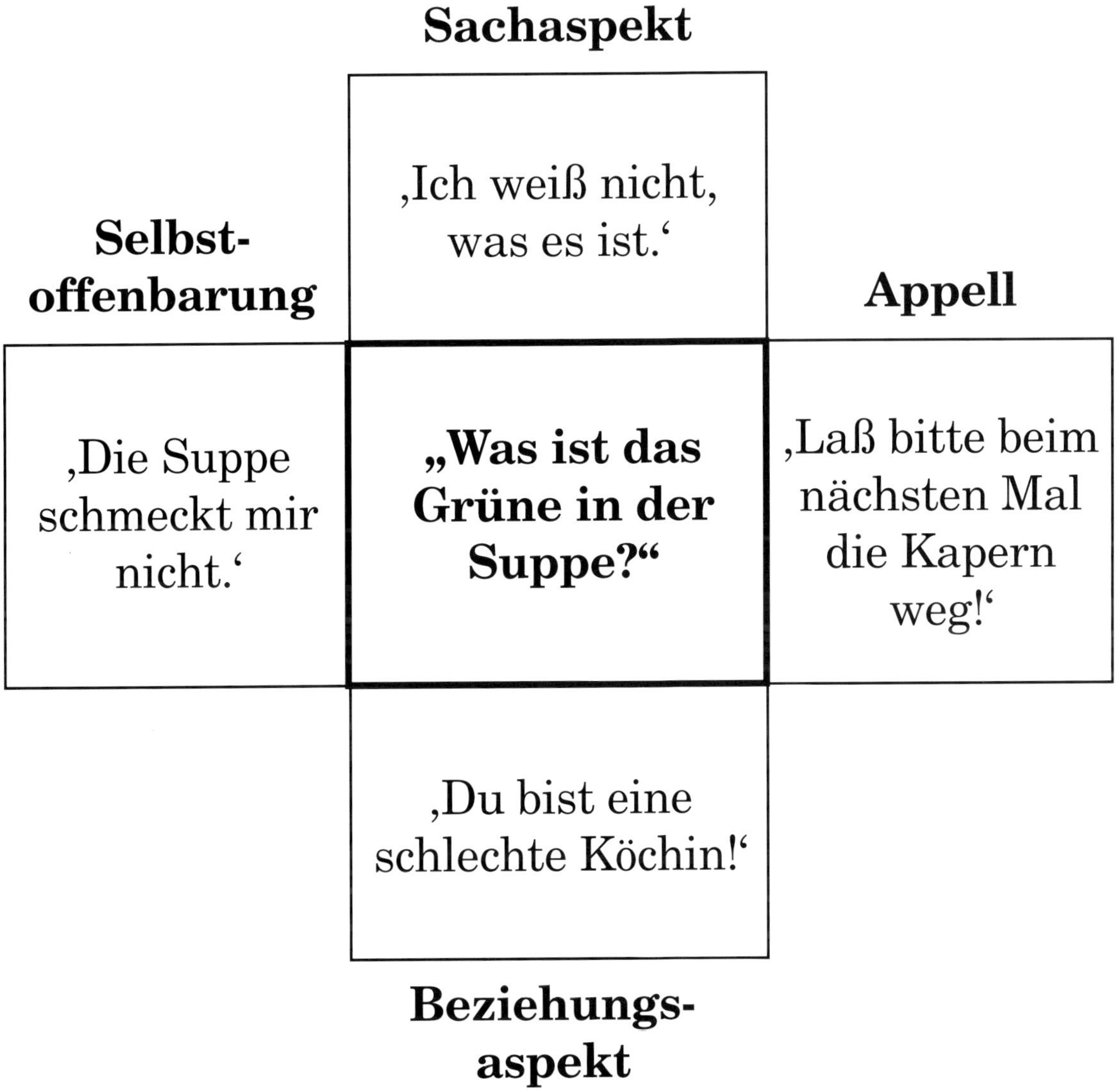

Abb. 16b: Quelle: nach Schulz von Thun 1995

Empfänger: Was sagt er?

Abb. 17a: Quelle: nach Schulz von Thun 1995

Empfänger: Was er sagen könnte

Abb. 17b: Quelle: nach Schulz von Thun 1995

Sender: Was denkt er?

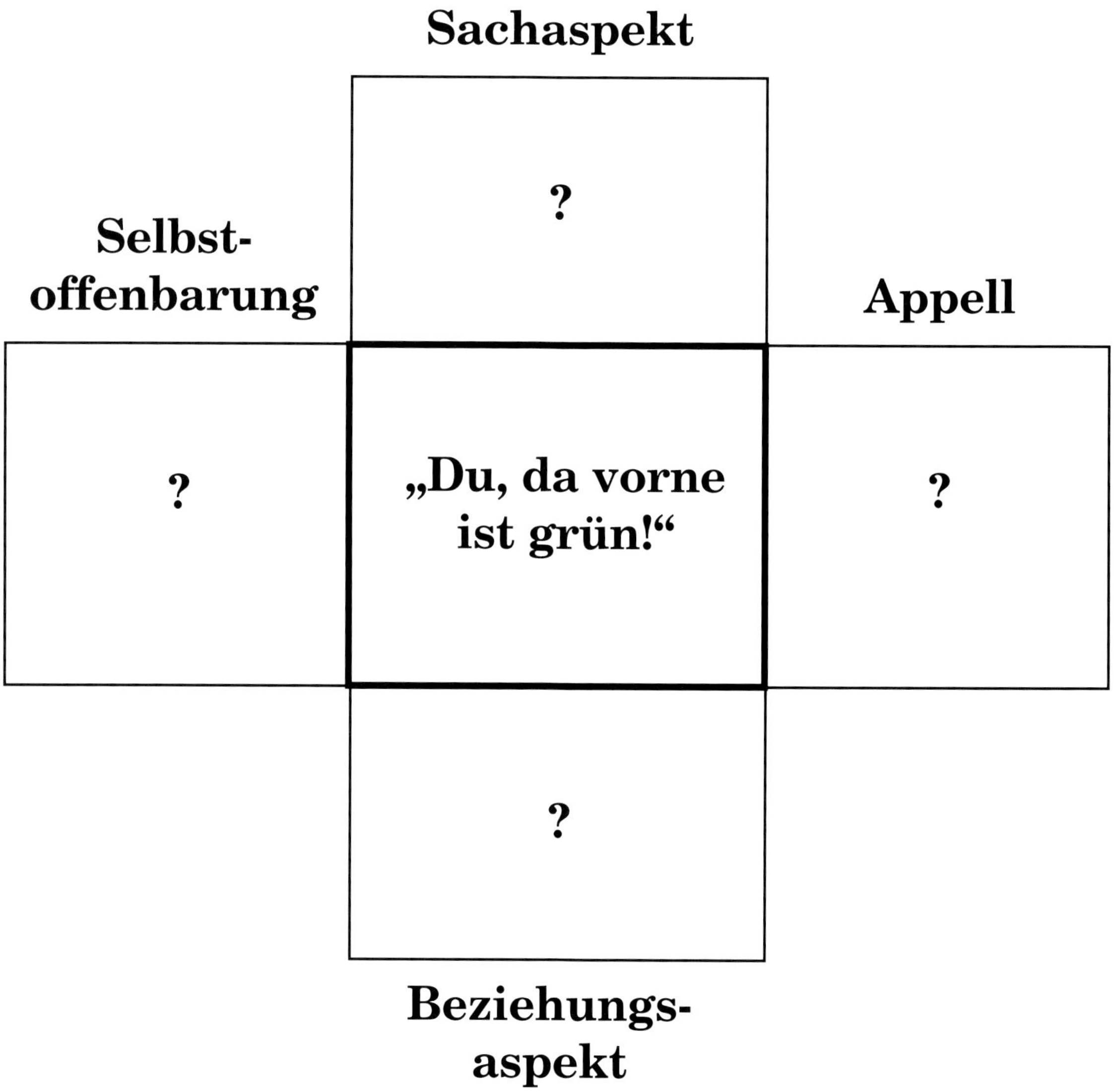

Abb. 18a: Quelle: nach Schulz von Thun 1995

Sender: Was er denken könnte

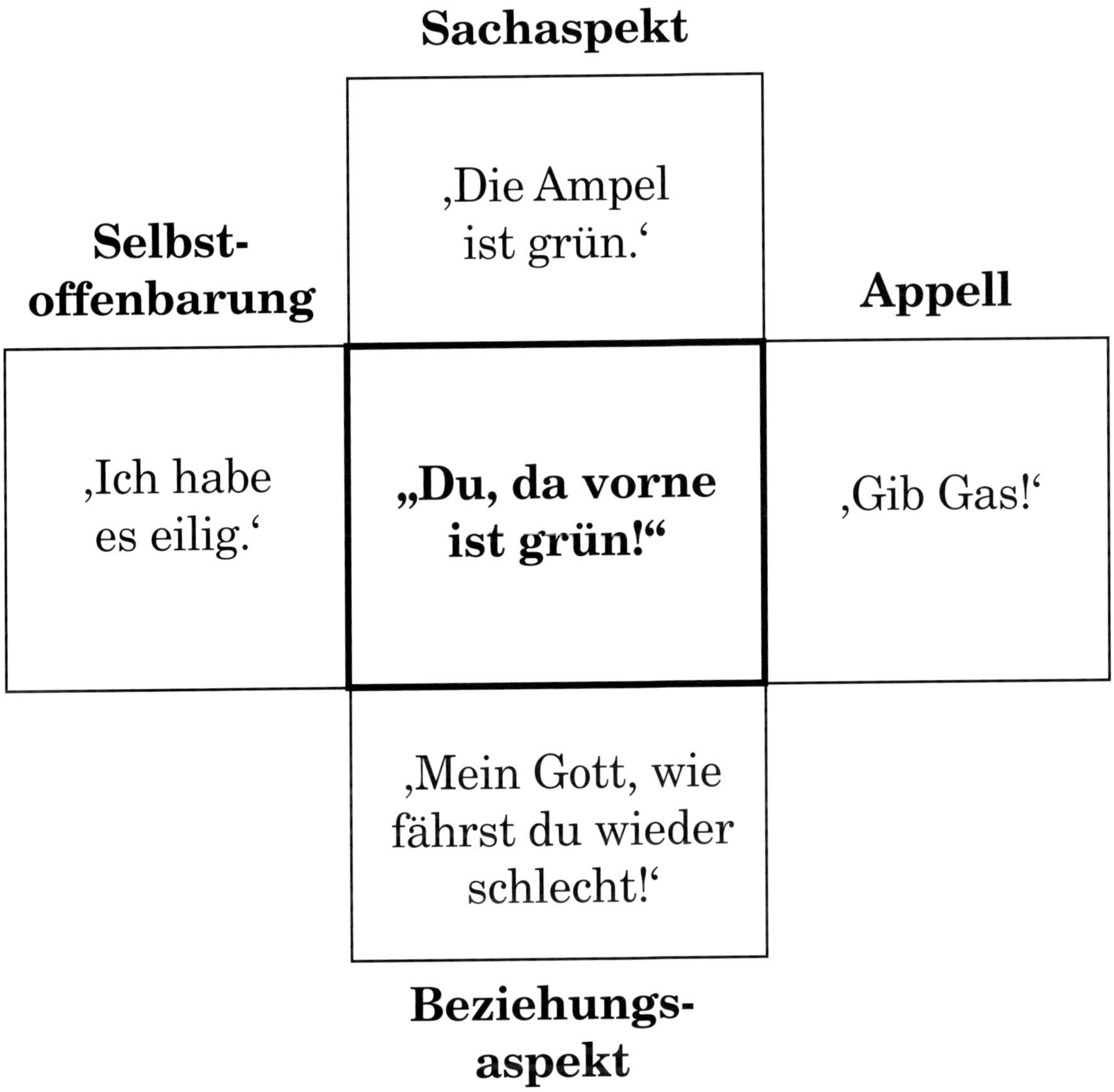

Abb. 18b: Quelle: nach Schulz von Thun 1995

Empfänger: Was sagt er?

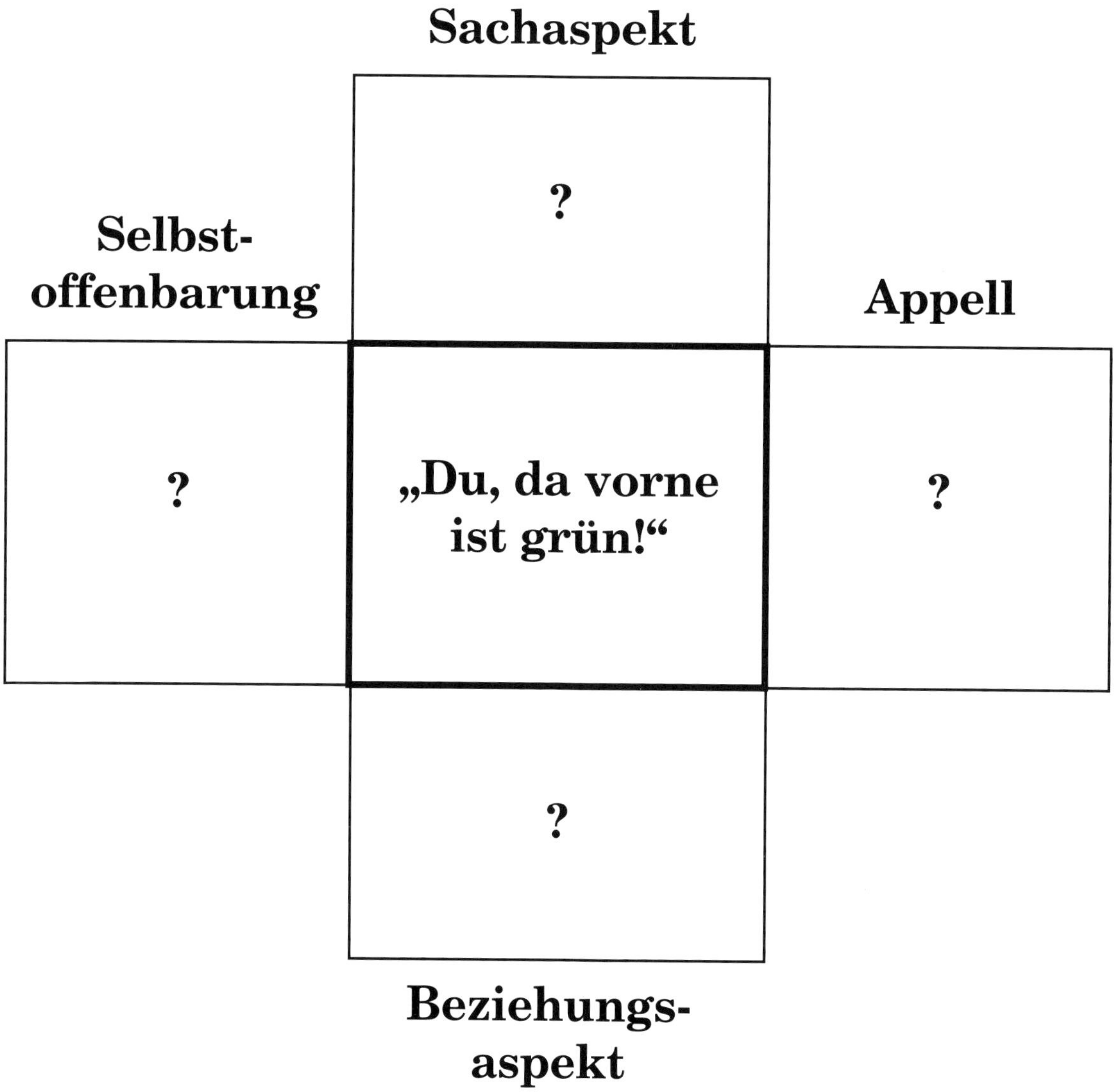

Abb. 19a: Quelle: nach Schulz von Thun 1995

Empfänger: Was er sagen könnte

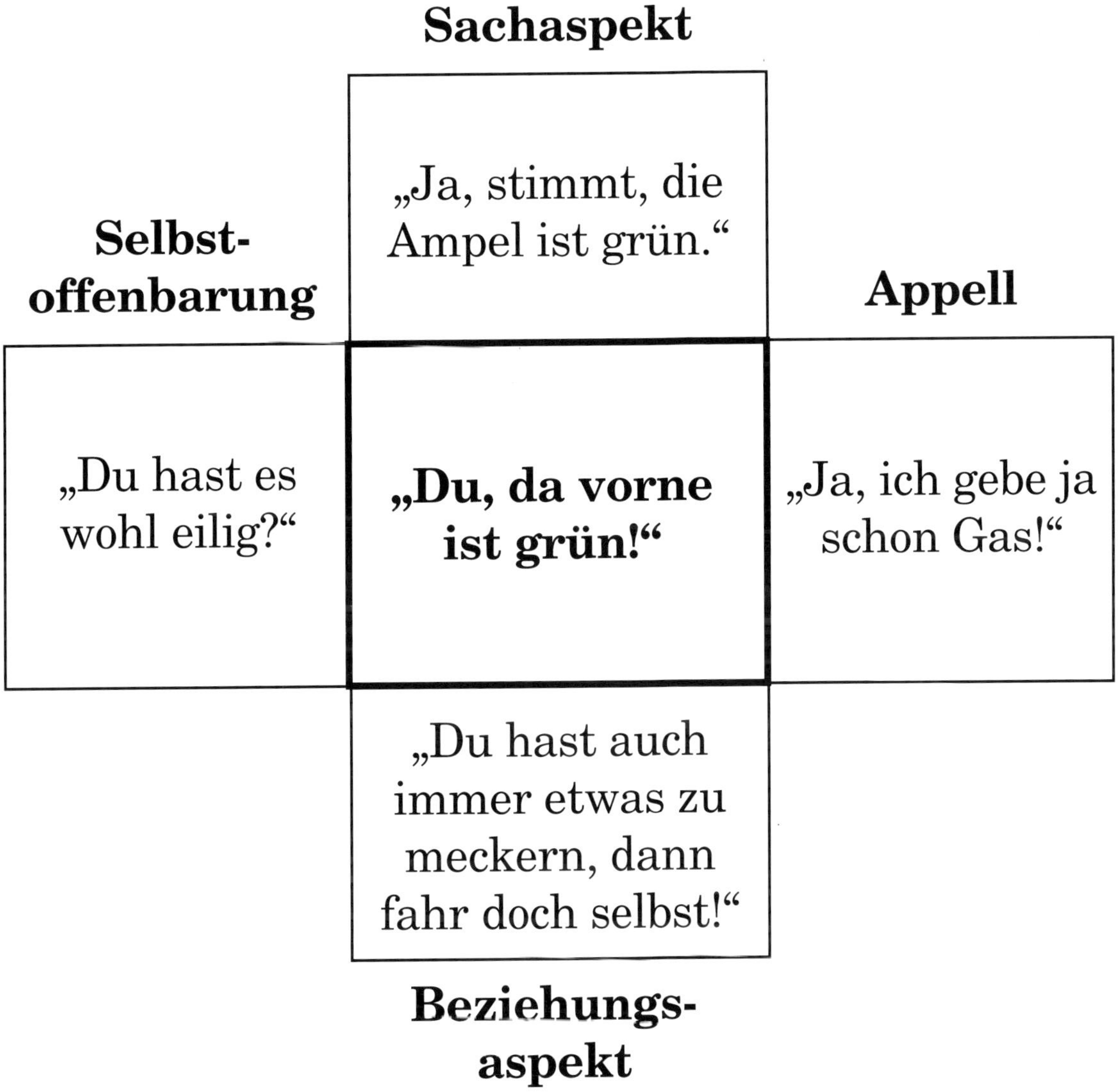

Abb. 19b: Quelle: nach Schulz von Thun 1995

Rollenspiel „Suppe“:
Herr und Frau X sitzen beim Mittagessen

Herr X.: Was ist das Grüne in der Suppe?

Frau X.: Das sind Kapern. **(Sachinhalt)**

Herr X.: Was ist das Grüne in der Suppe?

Frau X.: Die Suppe schmeckt dir wohl nicht? **(Selbstoffenbarung)**

Herr X.: Was ist das Grüne in der Suppe?

Frau X.: Ich lasse das nächste Mal die Kapern weg! **(Appell)**

Herr X.: Was ist das Grüne in der Suppe?

Frau X.: Wenn es dir bei mir nicht schmeckt, dann geh‘ doch woanders hin! **(Beziehungsaspekt)**

Rollenspiel „Ampel“:
Herr und Frau Z fahren im Auto

Herr Z.: Du, da vorne ist grün!

Frau Z.: Ja, stimmt! **(Sachinhalt)**

Herr Z.: Du, da vorne ist grün!

Frau Z.: Du hast es wohl eilig? **(Selbstoffenbarung)**

Herr Z.: Du, da vorne ist grün!

Frau Z.: Ja, ich gebe ja schon Gas! **(Appell)**

Herr Z.: Du, da vorne ist grün!

Frau Z.: Du hast auch immer was zu meckern! Wenn ich dir nicht gut genug fahre, dann fahr doch selbst! **(Beziehungsaspekt)**

Abb. 20

Antworten Sie auf der Ebene, auf der Sie sich angesprochen fühlen:

Kollegin: „Die meisten Kollegen engagieren sich nicht!“

Schüler: „Andere Klassen machen mit ihren Klassenlehrern Klassenfahrten nach Berlin!“

Freundin: „Ich habe gestern dreimal bei Dir angerufen!“

Abb. 21

Antworten Sie auf den vier Ebenen:

(Ehe-)Partner: „Ist noch Kaffee in der Küche?“

Sache: ______________________________

Appell: ______________________________

Selbstmitteilung: ______________________________

Beziehung: ______________________________

Freund: „Dieser Tanz gefällt mir nicht!“

Sache: ______________________________

Appell: ______________________________

Selbstmitteilung: ______________________________

Beziehung: ______________________________

Schulleiter: „Die Konferenzen dauern immer sehr lange.“

Sache: ______________________________

Appell: ______________________________

Selbstmitteilung: ______________________________

Beziehung: ______________________________

Abb. 22

Vierte Trainingseinheit: Schlichtungsgespräche – wie ist der Ablauf?

Grundgedanke:	Ein Schlichtungsgespräch ist ein *Prozess* und kein Produkt, d.h. das Ergebnis des Gesprächs ist grundsätzlich offen und hängt von allen am Gespräch Beteiligten ab (Dulabaum 1998). Das Schlichtungsgespräch folgt bestimmten *Regeln* und vollzieht sich in bestimmten Schritten. Der *Ablauf* ist festgelegt. Es geht nicht darum zu entscheiden, wer den Streit angefangen hat und wer Schuld hat, sondern darum, den Streitenden eine Chance zur Klärung ihrer Streitigkeiten zu geben und dazu beizutragen, ihre Meinungen zu äußern. Die Schlichter, ob Schlichter oder Schlichterin, schaffen innerhalb eines geschützten Rahmens und einer geschützten Umgebung eine *Atmosphäre des Vertrauens*, in der die Streitenden ihre persönlichen Sichtweisen zunächst den Schlichtern und dann einander mitteilen können. Der *Gesprächsverlauf* erfolgt zuerst über die Schlichter d.h. die Gesprächsführung geht von ihnen aus, sie eröffnen das Gespräch und beschließen es, sie ermuntern die beiden Streithähne, sich miteinander auseinanderzusetzen, so dass dann der Gesprächsverlauf mehr und mehr zu den Streitenden übergeht. Zu Beginn des Gesprächs sind die Schlichter sehr aktiv, im Laufe des Gesprächs halten sie sich mehr und mehr zugunsten der Streitenden zurück, deren Aufgabe es ist, eine Lösung für ihren Konflikt zu finden, wie auch immer diese aussehen mag. Es hat sich herausgestellt, dass es für Lehrerinnen und Lehrer nicht einfach ist, sich zurückzuhalten und nicht eine Lösung vorzugeben. Sie sind es gewohnt, zu entscheiden und zu bewerten, nach Wahrheit zu suchen und Sachverhalte aufzuklären. Hier geht es jedoch darum, subjektive Sichtweisen einander gegenüberzustellen und die Streitenden zum Nachdenken anzuregen, damit sie selbst und kein anderer die Lösung finden.
Ziel:	Ziel des Schlichtungsgesprächs ist es, dass die Streitenden eine sie selbst zufriedenstellende Lösung für ihren Konflikt finden und diese in einem Vertrag schriftlich niederlegen.
Zeit:	Mehrere Doppelstunden notwendig.
Materialien:	Eventuell vorgegebene Konfliktanlässe aus dem Schulalltag eines Lehrerkollegiums oder der Schülerschaft.

Durchführung:	In immer wieder wechselnden Dreier- bzw. Vierergruppen schulen sich die Lehrerinnen und Lehrer in Schlichtungsgesprächen. Die Streitthemen entnehmen sie ihrem Schulalltag. Eine Hilfe für den Rahmen der Gespräche stellt der Leitfaden „Phasen einer Schlichtung“ (Abb. 23) dar.

Phasen einer Schlichtung

1. Begrüßung und Vorstellung	Die Schlichter begrüßen die beiden Streithähne, stellen sich vor und fragen nach den Namen der beiden.
2. Klärung der Voraussetzungen	Die Schlichter erkundigen sich danach, ob beide freiwillig gekommen sind und ob sie auch wirklich eine einvernehmliche Lösung erreichen wollen.
3. Zusicherung der Vertraulichkeit	Die Schlichter versichern ausdrücklich, dass niemand etwas von dem Inhalt des Gespräches erfährt, und bitten beide, ebenfalls Vertraulichkeit zu wahren.
4. Darstellung der Regeln	Die Schlichter erläutern die Regeln und fragen, ob die Beteiligten mit ihnen einverstanden sind (Abb. 25).
5. Sichtweise der Konfliktparteien	Die Schlichter fragen, wer mit der Schilderung des Konfliktes beginnen möchte. Jede Partei kommt nacheinander zu Wort und wiederholt zunächst das, was die andere Partei dargestellt hat. Die Schlichter fassen beide Standpunkte zusammen.
6. Konfliktklärung	Die Schlichter fragen nach den Gefühlen und Beweggründen, versuchen herauszufinden, wie beide sich vor dem Konflikt verstanden haben.
7. Konfliktlösung	Die Schlichter bitten beide, Ideen für Lösungen aufzuschreiben, die zunächst unbewertet gesammelt werden. Dann erfolgt eine Entscheidung für eine der genannten Lösungen, mit der beide einverstanden sein müssen.
8. Vereinbarung und Vertrag	Der Konflikt sowie die vorgeschlagene Lösung werden noch einmal genau formuliert und schriftlich festgehalten.
9. Abschluss	Die Schlichter bedanken sich für die Bereitschaft, am Gespräch teilgenommen und eine Lösung gefunden zu haben.

Abb. 23

VII. Wer macht mit? Projekttag der „9er"-Klassen

1. Allgemeine Bemerkungen

Um den Gedanken der Schlichter-Schulung unter allen Schülerinnen und Schülern der „9er"-Klassen bekanntzumachen, werden sie von den Beratungs- und/oder Schlichter-Lehrerinnen und -Lehrern zu einem Projekttag eingeladen, der außerhalb der Schule in einem Jugendzentrum stattfindet. Dieser erste Projekttag wird für alle „9er"-Klassen klassenweise – je nach Organisationsmöglichkeiten auch an mehreren Tagen – durchgeführt, d.h. jede Klasse befindet sich mit ihren Klassenlehrern, den Beratungs- bzw. Schlichter-Lehrerinnen und -Lehrern und, wenn möglich, auch mit der Schulpsychologin in einem Raum für sich.

Es ist sehr wichtig, dass jeweils auch die Klassenlehrerinnen und -lehrer an den Projekttagen teilnehmen, denn einige von ihnen stehen dem Schlichtungsgedanken skeptisch gegenüber. Manche haben Bedenken, Zweifel und Vorbehalte gegenüber der Schlichter- Schulung von Schülerinnen und Schülern. Wenn sie jedoch im Rahmen einer in der Schule institutionalisierten Schlichter-Schulung an den Projekttagen ihrer Klassen teilnehmen, dabei nicht nur für die Disziplin sorgen, sondern sich obendrein an allen Übungen und Interaktionen beteiligen sowie auch Aufgaben im Rahmen des Ablaufs des Projekttages übernehmen, dann lernen sie die Schlichtung am besten kennen und verlieren am ehesten ihre Bedenken, wenn sie erleben, mit welcher Intensität ihre Kolleginnen und Kollegen den Projekttag vorbereitet haben und mit welcher Begeisterung und welchem Engagement die Schülerinnen und Schüler mitmachen.

In *jedem Schuljahr* werden die Projekttage der „9er" und – wie nachfolgend beschrieben – die Projekttage der „5er"-Klassen jeweils gemeinsam mit den Klassenlehrerinnen und -lehrern geplant und durchgeführt. Auf diese Weise haben auf längere Sicht alle Lehrerinnen und Lehrer eines Kollegiums die Chance, die Schlichter-Schulung zumindest ansatzweise kennen und auch schätzen zu lernen. Sie können dann die Schülerinnen und Schüler ihrer jeweiligen Klassen wesentlich besser motivieren und konkreter darin unterstützen, bei Streitigkeiten die Schlichter aufzusuchen. Die Beteiligung der Klassenlehrerinnen und -lehrer an der Planung und Durchführung ist auch deshalb besonders wichtig, weil sie sich dann auch für den Erfolg des Tages mit verantwortlich fühlen

Die Schülerinnen und Schüler denken an diesem Tag über Streit und Konflikte nach, über unterschiedliche zurückliegende Streitlösungen und ihre Zufriedenheit damit. Sie führen erste spontane Schlichtungsgespräche und überlegen gemeinsam, worauf es bei einer Schlichtung ankommt und welches die Fähigkeiten eines Schlichters sein sollten. Sie lernen den Ablauf von Schlichtungsgesprächen kennen sowie die Voraussetzungen, die dafür nötig sind. Sie machen ihre ersten Erfahrungen mit einer angemessenen Gesprächsführung, mit Körperhaltung, Mimik und Gestik, mit verbalen und nonverbalen Ausdrucksweisen. Diese Inhalte werden spielerisch und mit vielen Interaktionen an sie herangebracht.

Am Ende des Projekttages sollen sie eine erste Entscheidung treffen, ob sie an der Schlichter-Schulung teilnehmen möchten oder nicht. Sie können sich vorläufig anmelden. Erfahrungsgemäß melden sich zunächst von drei Klassen mit insgesamt 90 Schülerinnen und Schülern ungefähr 30 an, von denen im Verlauf des Trainings jedoch noch etwa 10 bis 15 Schülerinnen und Schüler von einem weiteren Mitmachen aus unterschiedlichen Gründen Abstand nehmen. Sehr schnell, vor allem dann, wenn das Training auch an Nachmittagen in der Freizeit der Schülerinnen und Schüler stattfindet, kristallisiert sich ein „harter Kern" der überzeugten Schülerinnen und Schüler heraus, so dass nach einer gewissen Zeit wirklich engagierte

Schülerinnen und Schüler übrigbleiben. Das nachmittägliche Training setzt tatsächliches Interesse der Schülerinnen und Schüler für die Schlichter-Schulung voraus und trägt mit zur Entscheidung für oder gegen ein weiteres Engagement bei. Mit ca. 15 verbleibenden Schülerinnen und Schülern, die freiwillig und aus primärer Motivation heraus mitmachen, ist ein intensives Training sehr gut durchführbar. Selbstverständlich findet das Training zwischendurch auch wieder einmal an Vormittagen statt, dies ist jedoch nicht die Regel.

Varianten der Durchführung des Projekttages, an dem alle Schülerinnen und Schüler der „9er"-Klassen teilnehmen, sind durchaus möglich. So haben wir im ersten Durchgang bei der Einführung des Schlichterprogramms in der Schule einen langen Projekttag der „9er"-Klassen unter der Anleitung mehrerer Schlichter-Lehrerinnen und -Lehrer durchgeführt, im zweiten Durchgang (1 Jahr später) nur einen Vormittag mit Hilfe der schon ausgebildeten Schlichter-Schülerinnen und -Schüler und mit den jeweiligen Klassen- bzw. Beratungslehrerinnen und -lehrern.

Im Folgenden werden unterschiedliche Abläufe von Projekttagen zweier aufeinanderfolgender Jahre skizziert – zum einen ohne und zum anderen mit den schon ausgebildeten Schlichter-Schülerinnen und -Schülern – sowie im Anschluss daran der erste Trainingstag der 32 Schülerinnen und Schüler, die sich freiwillig für die Teilnahme an der Schlichter-Schulung gemeldet haben. Wenn Schülerinnen und Schüler aus drei verschiedenen „9er"-Klassen kommen, ist darauf zu achten, dass unter ihnen im Laufe des Trainings ein *Wir-Gefühl* entsteht („Wir Schlichter") – dies wird durch gemeinsames Frühstücken und Mittagessen begünstigt – und dass die Schülerinnen und Schüler durch Kennenlern-Spiele miteinander vertraut werden.

2. Verlaufsplan zweier Projekttage

a) im ersten Durchgang ganztägig

Beginn: 8.00 *Plenum*	I. Kennenlern- und Interaktionsspiele: – „Alle, die schon 'mal..." – Interaktion mit Musikinstrumenten (Geräuschkette)
Plenum	II. Video der Adolf Reichwein-Schule (siehe Lit.-Verz.): Ein Streit in der Schule (es wird nur der Streit gezeigt, danach wird der Film gestoppt).
Kleingruppen	III. Spontanes Schlichtungsgespräch mit anschließender Besprechung. Die Schülerinnen und Schüler versuchen, den Streit spontan, so gut sie können, zu schlichten.
Gemeinsames Frühstück	
Interaktion	IV. „Bewohnerwechsel-Häuserwechsel-Erdbeben"
Plenum	V. Theorie und Methode des Schlichtungsgesprächs Hinführung mit der Kärtchen-Methode: Was ist für mich eine Schlichtung? Die Schüler schreiben Stichpunkte auf DIN-A5-Kärtchen auf, die gesammelt und besprochen werden. Anschließend wird das Arbeitsblatt (Abb. 24) ausgeteilt: Was ist eine Schlichtung? Worauf kommt es bei einer Schlichtung an? Die Regeln einer Schlichtung werden besprochen (Abb. 25). Welches sind die Fähigkeiten eines Schlichters? (Abb. 26)
Mittagessen 12.00 – 12.45 Uhr	
Plenum	VI. Interaktionsspiel: „Boss"
Rollenspiel	VII. Üben eines Schlichtungsgespräches anhand zweier vorgegebener Konflikte zur Auswahl (Abb. 27).
Video	VIII. Die komplette Videosequenz wird gezeigt: Streit auf dem Schulhof mit nachfolgendem Schlichtungsgespräch. Diskussion darüber.
Ende: 15.30	IX. Interaktionsspiel: „Der Gordische Knoten"

Was ist eine Schlichtung?

- **Eine Schlichtung ist ein Gespräch zwischen zwei Konfliktparteien mithilfe einer dritten neutralen Person.**
- **Eine Schlichtung ist ein freiwilliges Gespräch.**
- **Eine Schlichtung ist keine Gerichtsverhandlung.**
- **Eine Schlichtung strebt ein Ergebnis an, das beide Streitparteien zufriedenstellt.**
- **Eine Schlichtung wird nach bestimmten Regeln durchgeführt**

Abb. 24

Regeln einer Schlichtung

- **Wir lassen einander ausreden**
- **Wir unterbrechen einander nicht**
- **Wir hören dem anderen zu**
- **Wir wiederholen, was der andere gesagt hat**
- **Wir brechen das Gespräch bei Handgreiflichkeiten ab**
- **Wir bemühen uns, eine Lösung für den Streit zu finden**

Abb. 25

Die Fähigkeiten eines Schlichters

- **Der Schlichter ist neutral, d.h. unparteiisch**
- **Der Schlichter lässt jede Partei zu Wort kommen**
- **Der Schlichter hört gut zu**
- **Der Schlichter fasst zusammen**
- **Der Schlichter fragt nach den Gefühlen**
- **Der Schlichter beruhigt**
- **Der Schlichter vermittelt**
- **Der Schlichter hält sich mit seiner eigenen Meinung zurück**

Abb. 26

Konfliktsituation I

In der Umkleidekabine nach einem Brennballspiel gegen die andere Klasse:

Peter/Tim oder Heike/Britta

Peter/Heike kommt in die Umkleidekabine und schreit Tim/Britta heftig an: „Du Idiot, weil du so blöd bist, haben wir das Spiel verloren!“. Tim/Britta geht auf Peter/Heike los, schlägt auf ihn/sie ein, reißt an Peters/Heikes T-Shirt und beschimpft ihn/sie, weil er/sie sich ungerecht behandelt fühlt. Das T-Shirt geht kaputt.

Konfliktsituation II

Im Klassenraum beim Textilunterricht:

Dirk/Jan oder Marita/Elke und Lehrerin

Im Textilunterricht nimmt Dirk/Marita Jan/Elke die Schere weg. Jan/Elke beschwert sich bei der Lehrerin. Lehrerin: „So geht das aber nicht, vertragt euch!“ Daraufhin wird Jan/Elke von Dirk/Marita als „alter Schleimer“ beschimpft. Dies wiederholt sich noch einmal. Jan/Elke läuft wieder zur Lehrerin. Lehrerin: „Jetzt ist aber Feierabend. Dirk/Marita, du setzt dich jetzt woanders hin. Dort hinten ist ein Einzeltisch“. Daraufhin wird Dirk/Marita wütend und schlägt auf Jan/Elke ein. Daraus entwickelt sich eine Prügelei mit Beschimpfungen: „Ich bringe dich um! Warte bis nach der Stunde! Ich mach dich fertig! Ich sage es meinem Bruder!“

Die Lehrerin versucht, die beiden zu trennen.

Abb. 27

b) im zweiten Durchgang vormittags

Interaktive Phase	I. Begrüßungsspiele: „Alle, die schon mal...“ „Boss-Spiel“ „Autorennen“	8.00 – 8.20
Reflexive Phase	II. Thema: Konflikt/Streit „Denkt einmal an euren letzten zurückliegenden Streit...“ Worum ging es? *Wie* und auf welche Weise habt ihr gestritten? Die Schüler schreiben die Antworten auf DIN-A5-Karteikarten. Material: Karteikarten, fünf Flip Chart-Papiere mit den Überschriften: *Schlagen, Erpressen, Beleidigen, Ausschließen, Zerstören, Stehlen.* Die ausgefüllten Karteikarten werden je nach Inhalt geordnet und auf den Flip-Charts angebracht. Die Streit-Bilder-Plakate (Abb. 28-33) (im DIN-A3-Format) werden gezeigt und besprochen.	8.20 – 9.00
Gemeinsames Frühstück, 9.00 - 9.45		
Interaktive Phase	III. „Atom-Spiel“ (Körpermerkmale: gleiche Augenfarbe, dieselbe Schuhgröße...)	9.45 – 9.55
Dramatische Phase	IV. Ein Streit wird von den Schlichter-Schülerinnen und -schülern der 10. Klasse vorgespielt. Die Schülerinnen und Schüler der 9. Klasse werden nach dem Zufallsprinzip in Kleingruppen aufgeteilt und besprechen dort, was sie gesehen und gehört haben. Sie erhalten auf Karteikarten Fragen, die sie jeweils in ihrer Gruppe beantworten sollen, z.B.: – Worum ging es bei dem Streit? – Wie haben sich die einzelnen Personen verhalten?	9.55 – 10.45

		– Was haben sie gesagt? – Zu welcher Kategorie gehört der Streit? Zuordnung zu den Überschriften der Flip Charts. Die Schülerinnen und Schüler erhalten Arbeitsanweisungen für die Gruppenarbeit (Abb. 34). Sie versetzen sich in eine der beiden streitenden Personen, identifizieren sich mit ihnen und sagen, was sie denken und fühlen und besprechen miteinander, was sie an Stelle der Person tun würden. Sie schreiben ihre Streitlösung auf ein Plakat, das anschließend aufgehängt wird („Ich als ...“). Die Plakate werden miteinander verglichen und im Plenum besprochen.	
Dramatische Phase	V.	Die Schlichter-Schülerinnen und -Schüler der 10. Klasse spielen ein *Schlichtungs-Gespräch*. Einzelne Schüler der 9. Klasse erhalten Beobachtungsaufgaben auf Karteikarten (Abb. 35-37). Die Beobachtungsaufgaben beziehen sich sowohl auf den Schlichter oder die Streitenden als auch auf den Gesprächsablauf. Sie werden unter den Schülerinnen und Schülern verteilt, so dass jede und jeder eine ganz bestimmte Beobachtungsaufgabe zu erfüllen hat, z.B. nur den Gesichtsausdruck des Schlichters, nur seine Körperhaltung oder nur seine Sprache zu beobachten oder sich entsprechend auf die Streitenden zu konzentrieren.	10.45 – 11.05
Reflexive Phase	VI.	Was ist eine Schlichtung (Abb. 24)? Die *Regeln* (Abb. 25) werden besprochen und der *Ablauf einer Schlichtung* anhand von Abbildungen (Abb. 38-42) erklärt. Dabei werden die Abbildungen 38-42 in zufälliger Reihenfolge mit den Bildern nach unten auf den Boden gelegt und weitere Abbildungen (Abb. 43-47) mit dem Text ebenfalls auf dem Boden daneben gelegt, so dass zwei Bildreihen entstehen. Die Schülerinnen und Schüler werden nun auf-	10.05 – 11.45

	gefordert, zunächst die eine Bildreihe und dann die andere aufzudecken und jeweils in die richtige Reihenfolge entlang dem Gesprächsablauf zu bringen (Abb. 48). Welche Fähigkeiten muss ein guter Schlichter besitzen? Abb. 60 wird in Partnerarbeit ausgefüllt und im Plenum besprochen.	
	Bewegungspause, 10 Min	
Reflexive Phase	VII. Die Schlichter-Schülerinnen und -Schüler erzählen von ihrer Ausbildung in Frage-Antwort-Form. Die interessierten Schüler der 9. Klasse können sich für die Schlichter-Schulung anmelden.	12.00 – 12.40
Abschlussphase	VIII. „Lob entgegennehmen“	12.40 – 13.00

Abb. 28: Schlagen

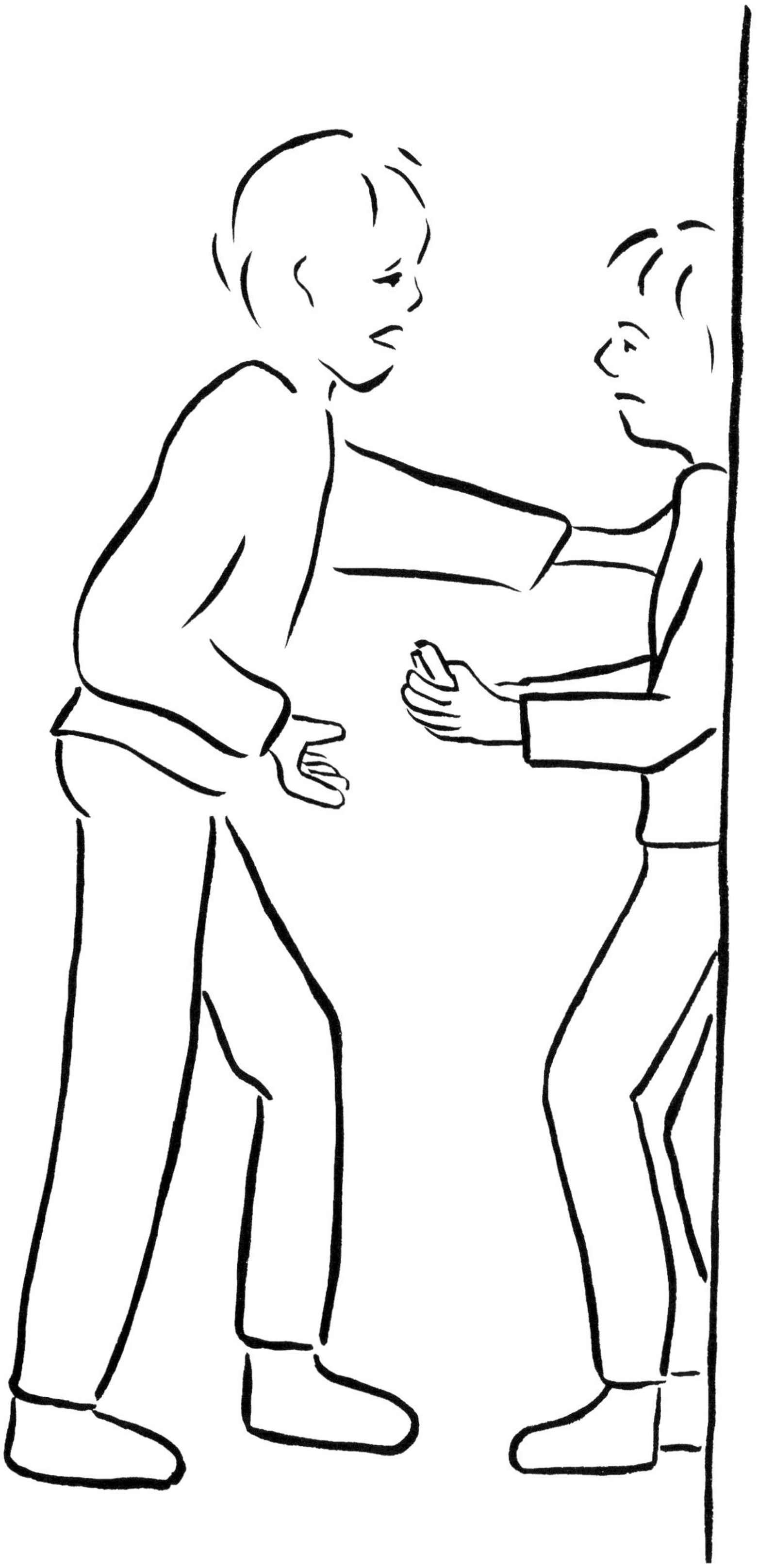

Abb. 29: Erpressen

Abb. 30: Beleidigen

Abb. 31: Ausschließen

Abb. 32: Zerstören

Abb. 33: Stehlen

Aufgaben für die Gruppenarbeit

Versetzt euch in die Lage einer der beiden Streitenden und besprecht miteinander, was sie wohl denken und fühlen mögen. Wie würdet ihr euch an ihrer Stelle verhalten?

Schreibt eure Lösung für den Streit auf ein Plakat:

„Ich als ....“

Abb. 34

Achte beim Schlichter auf:

den Gesichtsausdruck

- **Stirn**
- **Augen**
- **Augenbrauen**
- **Nase**
- **Lippen**

die Körperhaltung

- **Arme**
- **Schultern**
- **Nacken**

die Sprache

- **Lautstärke**
- **Tonfall**
- **Tempo**

die Sitzhaltung

- **Blickkontakt mit den Streitenden**
- **den Streitenden körperlich zugewandt**
- **verkrampft/locker**

Abb. 35

Beobachtungsaufgaben: Streitende

Achte bei den Streitenden auf:

den Gesichtsausdruck

- **Stirn**
- **Augen**
- **Augenbrauen**
- **Nase**
- **Lippen**

die Körperhaltung

- **Arme**
- **Schultern**
- **Nacken**

die Sprache

- **Lautstärke**
- **Tonfall**
- **Tempo**

die Sitzhaltung

- **Blickkontakt zueinander**
- **einander zugewandt**
- **verkrampft/locker**

Abb. 36

Beobachtungsaufgabe: Gesprächsablauf

Achte auf den Gesprächsablauf

- **Worum geht es bei dem Streit?**
- **Wie verhalten sich die einzelnen Personen?**
- **Welche Fragen werden gestellt?**
- **Wie werden die Fragen gestellt?**
- **Kommen die Streitenden nacheinander zu Wort?**
- **Lässt der Schlichter die Streitenden ausreden?**
- **Ergreift der Schlichter für einen der Streitenden Partei?**
- **Weist der Schlichter auf die Regeln hin?**

Abb. 37

Abb. 38

Abb. 39

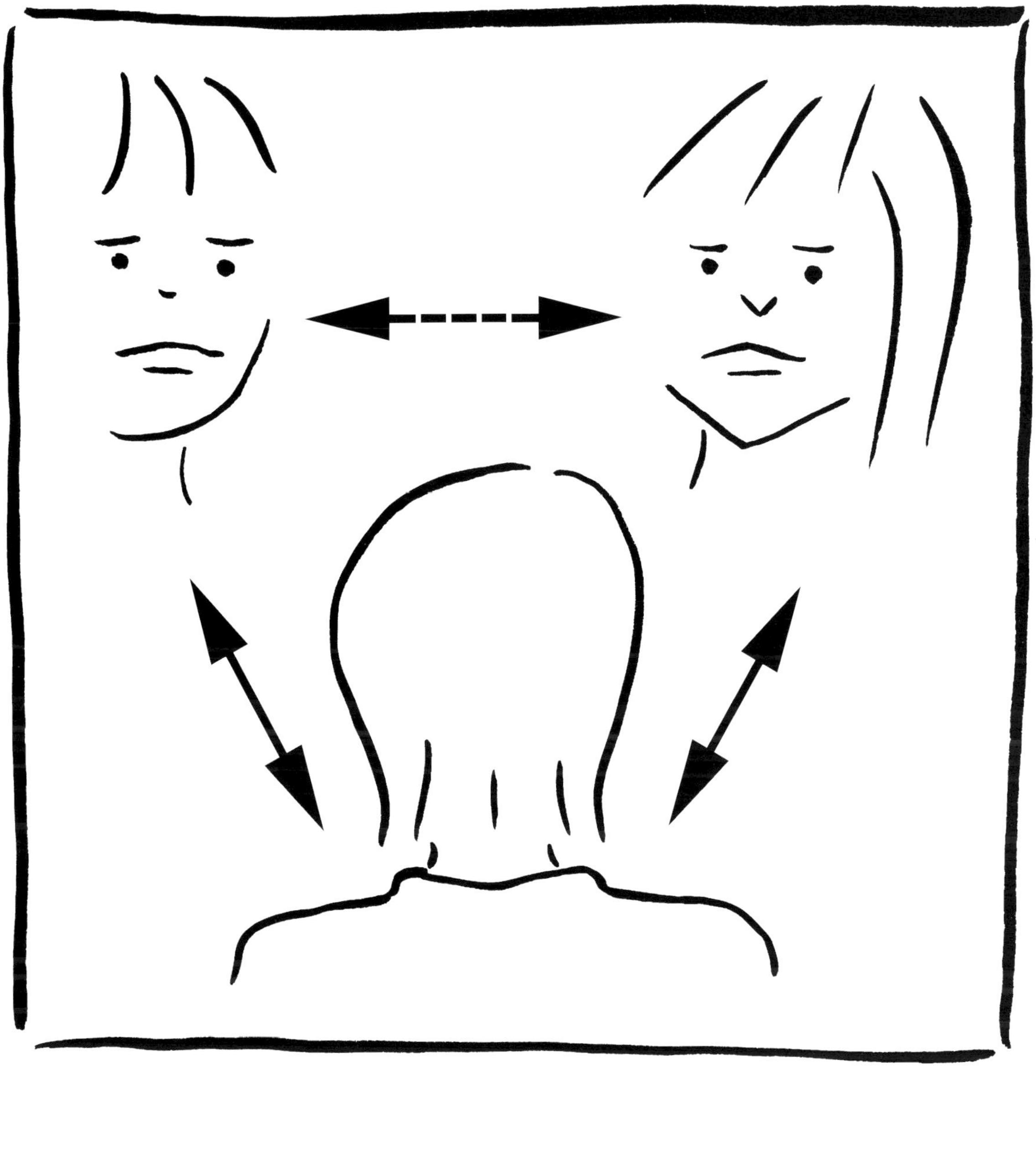

Abb. 40

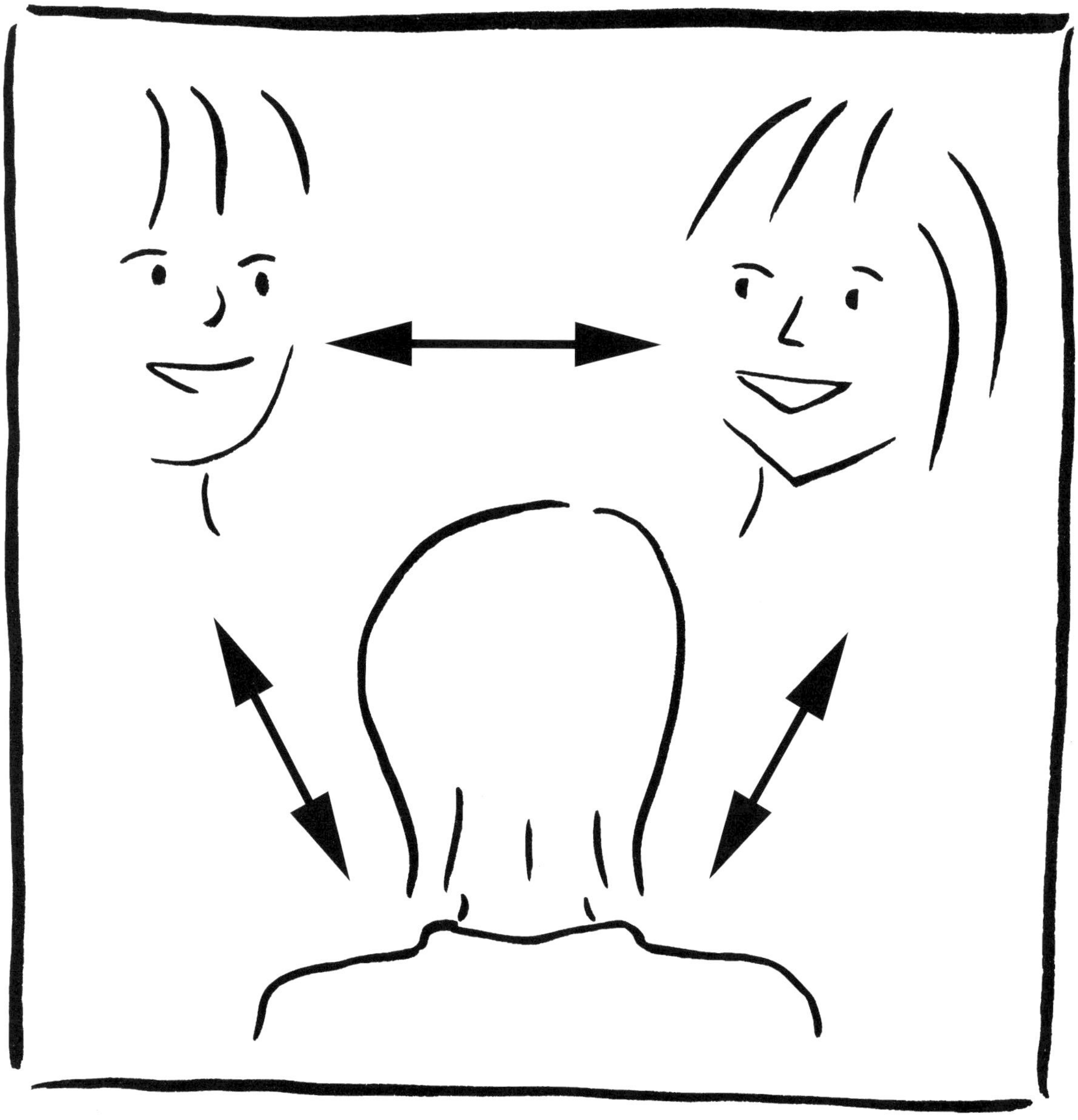

Abb. 41

Abb. 42

**Ausgangs-
situation**

Abb. 43

Gespräch durch den Schlichter herstellen

Abb. 44

Schrittweise direktes Gespräch führen

Abb. 45

Seite

an

Seite

nach

Lösungen

suchen

Abb. 46

Ohne

fremde

Hilfe

wieder

miteinander

auskommen

Abb. 47

	**Ausgangs-situation**
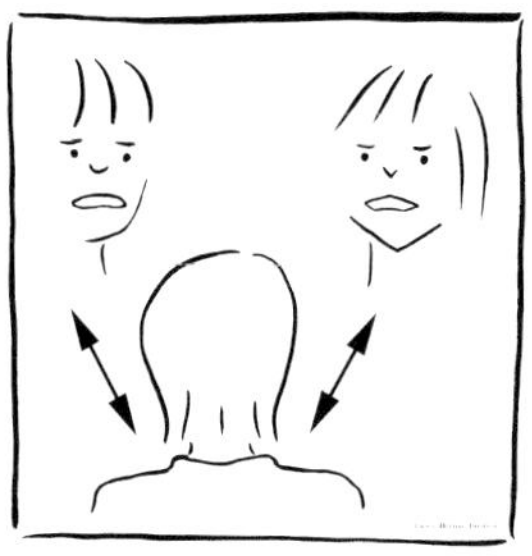	**Gespräch durch den Schlichter herstellen**
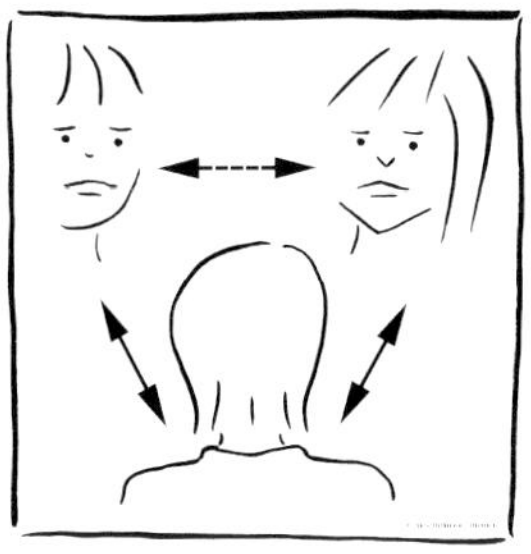	**Schrittweise direktes Gespräch führen**
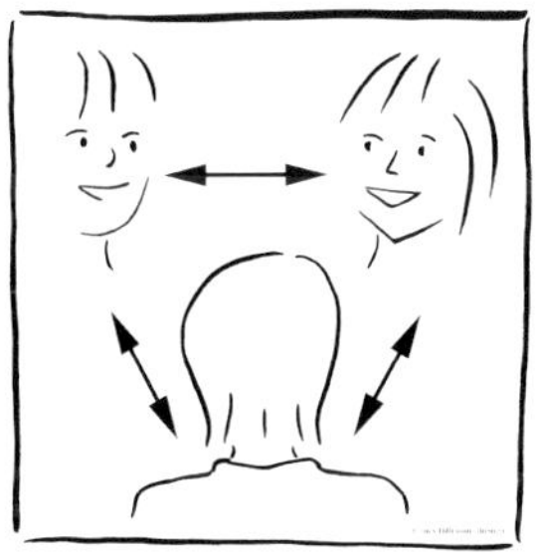	**Seite an Seite nach Lösungen suchen**
	**Ohne fremde Hilfe wieder miteinander auskommen**

Abb. 48

3. Erster Trainingstag

Schwerpunktthemen: **1. Mein Verhalten in Konfliktsituationen**

2. Mein Gesprächsverhalten

Phase	Thema	Zeit
Kennenlern-Phase	**1. Spinnennetz** Die Schülerinnen und Schüler sitzen im Stuhlkreis. Sie (Klassen- bzw. Beratungslehrerin oder -lehrer) nehmen das Wollknäuel in die Hand, halten das Fadenende fest, werfen das Knäuel einem Schüler oder einer Schülerin zu und sagen: „Ich heiße Frau ...“, “ich mag gerne ...“ oder „mein Hobby ist ...“ „und ich werfe zu ...“. Dabei sagen Sie den Namen der Schülerin oder des Schülers. Der oder die Betreffende fängt das Knäuel auf, sagt seinen bzw. ihren Namen, sein Hobby oder etwas Persönliches von sich und wirft das Knäuel weiter zu einem anderen. Dabei entsteht ein Netz, das alle miteinander verbindet. Zum Schluss geht das Wollknäuel denselben Weg zurück mit Namens- und Hobbynennung. **Variante:** Schülerinnen und Schüler nennen ihre Erwartungen an den Tag.	8.00 –8.30
Interaktive Phase	**2. Luftballonübung** *Warming-up:* Die Schülerinnen und Schüler stehen im Kreis und erhalten nacheinander ein, zwei oder drei Luftballons, die sie immer wieder in die Luft befördern müssen, ohne dass sie auf den Boden fallen. Die Benutzung von Händen und Ellenbogen ist dabei nicht gestattet. **Variante:** Dann reichen sie einen Ballon zu zweit im Kreis herum, ohne dass sie die Hände benutzen. Nach der ersten Runde kommt eine weitere Regel hinzu: Der Luftballon darf nun nicht mehr fliegen, sondern wird mit Körperteilen weitergereicht.	8.30 – 8.50

Interaktion und Reflexion	**3. „Äpfel" oder „Obstsorten"** (Variante Süßigkeiten Die Schülerinnen und Schüler sitzen im Kreis, in der Mitte des Kreises liegen Äpfel, Birnen, Zitronen, Pflaumen, was die Jahreszeit gerade so bietet, für jeden Schüler ein Teil. Alle Schüler betrachten zunächst in aller Ruhe und ohne zu reden die Obstsorten und suchen sich ein Teil davon aus. Die Klassen- bzw. Beratungslehrerinnen und -lehrer können die Obstsorten noch mit einfühlsamer Stimme genüsslich beschreiben, Vor- und Nachteile der einzelnen Stücke hervorheben, so dass die Spannung wächst. Auf ein bestimmtes Kommando hin sollen sich dann die Schüler das Teil nehmen, das sie sich vorher stillschweigend ausgesucht haben. **Auswertung:** Habe ich das bekommen, was ich haben wollte? Wie habe ich mich verhalten? Bin ich jetzt zufrieden/unzufrieden?	8.50 – 9.15
	4. „Kämpfchen"-Spiel Zwei Personen stellen sich einander gegenüber und halten die Handflächen voreinander hin. Sie müssen nun versuchen, den anderen mit Schwung wegzustoßen (nicht wegschieben). Häufiger Partnerwechsel! **Auswertung:** Was habe ich gespürt/erlebt? Wie stark war ich, wie stark der andere? Gab es Erlebensunterschiede bei einem Mädchen oder einem Jungen?	9.15 – 9.30
	Gemeinsames Frühstück, 9.30 –10.30	
Reflexion	**5. Textinterpretation (Abb. 49) „Ich und die Anderen"** Der Text wird einmal oder auch zweimal laut vorgelesen, dann werden im gemeinsamen Gespräch die Beweggründe für aggressives Verhalten herausgearbeitet.	10.30 – 10.50

	Welche unterschiedlichen Gefühle drückt der Junge aus? mögliche Antworten: – er hat Angst – er möchte nicht als Angsthase dastehen – er versucht seine Angst zu verbergen – er möchte sich groß fühlen – er fühlt sich stark, wenn er in der Gruppe ist – er erlaubt sich dann mehr, obwohl er nicht versteht, warum Stärkere Schwächere verprügeln – wenn er selbst zuschlägt, versucht er nicht daran zu denken, was er tut – wenn er selbst geschlagen wird, fühlt er sich mies Warum verhält er sich so? – aus Imponiergehabe – um dazuzugehören – um nicht als Feigling dazustehen – wegen des Gruppendrucks	
Interaktion und Reflexion	**6. Gespräch mit 5 Hüten:** Fünf Schülerinnen/Schüler sitzen im Kreis und unterhalten sich über ein bestimmtes Thema, z.B. „Wohin machen wir unseren nächsten Klassenausflug?“ Sie haben jeder einen andersfarbigen Hut auf und erhalten dazu passende Gesprächsanweisungen, z.B. negativ/pessimistisch, fröhlich/optimistisch etc. (Abb. 50). Die Anweisungen erhalten nur die Betreffenden selbst, ohne dass die anderen Einblick nehmen können.	10.50– 11.10

	Auswertung: Wie habe ich mich in meiner Rolle gefühlt? Kam das Gespräch zu einem Ergebnis? Es wird mit den Schülerinnen und Schülern herausgearbeitet, dass ein Gespräch zu keinem Ergebnis kommen kann, das alle zufriedenstellt, wenn keiner von seiner vorgefassten Meinung weicht und niemand kompromisswillig ist.	
Interaktion und Reflexion	**7. Positives und negatives Gesprächsverhalten im Rollenspiel.** Wiederum Auswertung und Diskussion. Die Rollenspiele werden je von einem Schüler und einem Lehrer durchgeführt. Man beginnt mit dem negativen Gesprächsverhalten. Der Lehrer bzw. die Lehrerin verhält sich gemäß Abb. 13 und zeigt alle nonverbalen und verbalen negativen Gesprächsverhaltensweisen, während der Schüler bzw. die Schülerin über ein Erlebnis/Problem berichtet. **Auswertung:** Zuerst kommt der Schüler/die Schülerin zu Wort. Sie/er wird gefragt: Wie hast du dich gefühlt? Verstanden/unverstanden? Was hast du an Verhaltensweisen deines Gesprächspartners bemerkt? Im Anschluss daran erfolgt das zweite Rollenspiel mit dem positiven Gesprächsverhalten nach Abb. 14. Danach das Gespräch darüber: Was war anders? Wie ist der Lehrer/die Lehrerin auf dich eingegangen? etc.	11.10 – 11.30
	Pause, 11.30 –11.40	
Interaktion	**8. „Bewohnerwechsel, Häuserwechsel, Erdbeben"** Die Schülerinnen und Schüler verteilen sich in Dreiergruppen, wobei ein Schüler übrigbleiben muss. Je zwei Schüler bilden ein Haus, indem sie mit den Händen ein Dach bilden, unter dem der dritte Schüler als „Bewohner" des Hauses steht. Nun ruft der Schüler, der übriggeblieben ist, entweder: „Bewohnerwechsel", „Häuser-	11.40 – 12.05

	wechsel“ oder „Erdbeben“. Bei „Bewohnerwechsel“ müssen sich alle Bewohner neue Häuser suchen, bei „Häuserwechsel“ suchen sich die Schüler, die ein Haus gebildet haben, gemeinsam einen neuen Bewohner. Bei „Erdbeben“ müssen alle ihren Platz wechseln.	
Interaktion und Reflexion	**9. Gesprächsübung „Aktives Zuhören“. Variable: „Wiederholen“** Dreier-Kleingruppen: 1 Beobachter, 2 Gesprächspartner, von denen einer etwas von sich erzählt, der andere aufmerksam zuhört, Blickkontakt hält und wiederholt, was er verstanden hat. Wechsel, so dass jeder einmal jede Rolle innehat. Plenum: Wie hat es in den Gruppen geklappt? War es leicht /schwer?	12.05 – 12.35 12.35 – 12.45
Abschluss	**10. Jeder sagt einen Satz, wie es ihm gefallen hat** • Wie war der Vormittag? • Was hat euch gefallen/nicht gefallen? • Wer möchte weitermachen?	12. 45 – 13.00

Ich und die Anderen

Wenn ich von Größeren gehänselt oder sogar verprügelt werde, habe ich Angst und würde am liebsten abhauen.

Doch ich will nicht als Angsthase dastehen, daher versuche ich, meine Angst zu verbergen und mich doch groß zu fühlen, obwohl es genau umgekehrt ist.

Wenn ich aber der Größere bin oder mit einer Gruppe zusammen bin, fühle ich mich besser und erlaube mir mehr bei den Schwächeren als vorher.

Manchmal, wenn ich sehe, wie ein Stärkerer einen Schwächeren verprügelt oder „große Schnauze" hat, verstehe ich nicht, wie man so etwas tun kann.

Wenn ich es aber selber mache, achte ich gar nicht darauf, was ich mit Schwächeren tue, und denke nicht daran, wie er sich fühlt.

Doch ich fühle mich mies, wenn ich von Größeren verprügelt und fertiggemacht werde!

Abb. 49: Quelle: Landesinstitut für Schule und Weiterbildung 1994

Blau: Du spielst dich zum Gesprächsleiter auf:

- Also, wir wollen einmal überlegen, wohin wir unsere Klassenfahrt machen.
- Sag du jetzt mal etwas, Peter ...!
- Ich meine, wir sollten der Reihe nach sprechen!
- Ich finde, wir fahren an die Ostsee, wer ist noch meiner Meinung?
- Jetzt haben wir genug diskutiert!
- Wir stimmen jetzt ab!

Schwarz: Du siehst nur schwarz und denkst, dass daraus nichts wird:

- Das klappt doch alles nicht!
- Das wird sowieso nichts!
- Das letzte Mal war es auch doof!
- Meine Mutter erlaubt es mir nicht!
- Es regnet, das Wetter wird schlecht, wir können sowieso nicht fahren!
- Es wird ja doch nur von allen hinterher gemeckert!
- Ich war schon an der Ostsee!

Weiß: Du denkst nur daran, Umfrageergebnisse einzuholen, willst dich absichern:

- Also, ich habe mal die 10er Klassen gefragt, wie ihre letzte Klassenfahrt war...
- Wir sollten erst einmal einen Fragebogen entwickeln.
- Wir müssen alle fragen, ob sie überhaupt wollen.
- Was meint der Schulleiter dazu?
- Wie ist es mit den Eltern?

Rot: Du bist begeistert und freust dich:

- Ich finde, das ist eine gute Idee!
- Au ja, ich finde das toll!
- Prima, ich mache mit!
- Ja, wohin wollen wir fahren?
- Ostsee? Finde ich gut!
- Super, das wird schön!
- Das wird unsere beste Abschlussfahrt!
- Da kann ich gleich meinen neuen Badeanzug einweihen!

Gelb: Du machst viele Vorschläge, die das Gespräch weiterbringen:

- Ja, wir haben lange keinen Ausflug mehr gemacht.
- Wir könnten schon im nächsten Monat losfahren.
- Eine gute Idee, mein Vater könnte das Gepäck mit dem Auto hinbringen.
- Meine Mutter wird den Kuchen für uns backen.
- Ich könnte mir die Fahrtroute ausdenken.

Abb. 50

VIII. Training der an der Schlichter-Schulung interessierten Schülerinnen und Schüler

Vorbemerkungen

Das Training der zukünftigen Schlichter-Schülerinnen und -Schüler kann sowohl stundenweise als auch einen ganzen Vormittag oder auch nachmittags innerhalb oder außerhalb der Schule stattfinden. Es empfiehlt sich eine gute Mischung von vormittäglichen und nachmittäglichen Trainingszeiten. Da die Schülerinnen und Schüler sich freiwillig engagieren und auch viel Freizeit für das Training opfern, ist es angemessen, von Zeit zu Zeit die Trainingsstunden auch in den Vormittag zu verlegen. Dies sollte jedoch nicht die Regel sein.

Jede Trainingseinheit beginnt und schließt mit dynamischen Übungen, mit einer warming-up-Übung und einer Übung zum Ausklang. Die Sitzordnung ist immer kreisförmig, die Räumlichkeiten müssen Platz für Bewegung ermöglichen. Die Schülerinnen und Schüler, die aus verschiedenen Klassen kommen, sollten sich zunächst kennenlernen. Dies geschieht mit sog. Begrüßungsspielen, aber auch mit Interaktionsübungen, die einen Konflikt provozieren (Obstkorb, Kämpfchen-Spiel, Baum/Haus malen). Schülerinnen und Schüler, die Schlichter-Schüler werden wollen, sollen im Training ihren eigenen Umgangsstil mit Konflikten kennenlernen und erfahren sowie reflektieren.

Im Folgenden werden die Trainingsstunden der zukünftigen Schlichter-Schülerinnen und -Schüler jeweils an zwei verschiedenen Beispielen von je zwei Doppelstunden geschildert. **Die fünf Themenbereiche:** *Konflikte, Gefühle, Gesprächsführung, Ablauf einer Schlichtung, Schlichtungsgespräche* liegen fest, jedoch ist die Anzahl der dafür notwendigen Stunden variabel und kann je nach Bedürfnis der Schülerinnen und Schüler vergrößert werden. Die geschilderten Beispiele stellen nur eine Auswahl dar, nicht den Umfang des Trainings.

Erste Trainingseinheit: Konflikte

Grundgedanke:	Die Schülerinnen und Schüler erleben Gewalt und Konflikte in vielfältigen schulischen und außerschulischen Zusammenhängen. Sie prügeln und werden verprügelt, sie erpressen und werden erpresst, sie reden schlecht über andere Mitschüler und erleben, dass schlecht über sie geredet wird, sie schließen andere aus und werden ausgeschlossen, sie nehmen anderen etwas weg und erleben dasselbe, sie zerstören und verwüsten Schuleigentum. Schülerinnen und Schüler sind oft Täter und Opfer zugleich. Gewalt ist für viele so lange ein akzeptables Mittel der Konfliktaustragung, wie sie keine Alternativlösungen kennen (Walker 1995). In der Schule setzt sich oft der Stärkere durch, häufig gibt es Gewinner und Verlierer. Konflikte können friedlich geregelt werden, ohne körperliche Auseinandersetzungen, ohne den anderen herabzusetzen und zu beschimpfen. Über den eigenen Konfliktstil nachzudenken, ist eine wichtige Voraussetzung für den Schlichtungsprozess, bei dem es um die Konflikte anderer geht.
Ziel:	Die Schülerinnen und Schüler sollen darüber nachdenken, welche Konflikte sie überwiegend erleben, welches die Auslöser sind und wie sie meistens mit Konflikten umgehen, d.h. wie sie diese gewöhnlich austragen. Sie sollen verschiedene Konfliktsituationen erleben und anschließend darüber reflektieren, was sie erlebt haben. Wichtig ist, dass die Stunden jeweils mit einer konfliktfreien Übung beendet werden.
Zeit:	mehrere Doppelstunden
Materialien:	Musik, Kassettenrecorder, Karteikarten, Stifte, Obstkorb

Erstes Beispiel für eine Doppelstunde: Konflikte

Warming-up	**Begrüßung** nach bestimmten Vorgaben: Wir gehen als: – „alter Mann“ – „gebrechliche Frau“ – „elegante Dame“ – „Hoheit“ – „Bettler“ – „coole Jugendliche“ – „Detektive“ usw.
Warming-up	**Kennenlernen:** „Ich bin die/der ...“ – „adelige Anna“ – „brausende Berta“ – „coole Christian“ usw.
Reflexion	„Was für **Konflikte** habt ihr erlebt? Welches waren die Auslöser? Wie habt Ihr Euch verhalten?“ Die Schülerinnen und Schüler schreiben auf, was sie erlebt haben, z.B. – „sich um etwas prügeln“ – „andere nerven“ – „sich über andere lustig machen“ – „erzählen, was nicht stimmt“ – „anderen etwas wegnehmen“ – „andere dazu zwingen, etwas herzugeben“ Die Karten werden in die Mitte gelegt und besprochen.
Reflexion	Ein **Streitanlass** wird herausgegriffen. In Kleingruppen sollen sich die Schülerinnen und Schüler mit einem der beiden Streithähne identifizieren und sagen, wie sie sich gefühlt haben. Dann sollen sie Lösungsmuster finden, die anders sind als die, die beschrieben wurden.
Ausklang	**„Toaster, Mixer, Elefant“**

Zweites Beispiel für eine Doppelstunde: Konflikte

Warming-up	**Begrüßung** „Alle, die schon mal...“
Interaktion und Reflexion	Wie verhalte ich mich in Konfliktsituationen? **„Der Obstkorb“** – Was habe ich erlebt? – Wie ging es mir in der Übung? – War ich enttäuscht? – Verärgert? – Wollte ich unbedingt gewinnen?
Dynamik	**„Kämpfchen-Spiel“** – Was habe ich mit meinen unterschiedlichen Klassenkameraden erlebt? – War ich stark? – Schwach? – Hat es mir Spaß/Angst gemacht?
Dynamik	**„Baum/Haus malen“** als nonverbale Durchsetzungsübung Je zwei Schülerinnen und Schüler fassen gemeinsam einen Stift der eine oben, der andere unten und beginnen ein Haus oder einen Baum zu zeichnen. Beobachtung: – Wer führt? – Wer ist aktiv/passiv? – Wer setzt sich durch? Variante: Das Thema wird nicht bekanntgegeben. Die beiden erhalten auf zwei Zetteln verschiedene Malanweisungen, z.B. Auto und Fahrrad. Beobachtung: Wer setzt sein Thema durch?
Ausklang	**„Der Gordische Knoten“**

Zweite Trainingseinheit: Gefühle

Grundgedanke:	Kinder und Jugendliche sollten lernen, mit ihren Gefühlen umzugehen, Meinungsverschiedenheiten friedlich zu regeln und ohne physische Auseinandersetzungen auszukommen. Voraussetzung dafür ist das Gefühlsmanagement, d.h. die Fähigkeit, seine eigenen Gefühle und die der anderen wahrzunehmen, und die eigenen regulieren zu können. Die Fähigkeit, mit seinen Gefühlen umzugehen, nennt Goleman (1998) „emotionale Intelligenz“ und ihr Fehlen „emotionale Unbildung“. Seine Aggressionen und seine Wut beherrschen zu können, sind wichtige Vorbedingungen für gewaltfreies Handeln, denn Jähzorn und blinde Wut engen das Handlungsspektrum ein, führen zu einem „Tunnelblick“, d.h. zu einer eingeschränkten Sichtweise und zu Fehlwahrnehmungen. Gereizte Kinder und Jugendliche fühlen sich gekränkt, wo keine Kränkung beabsichtigt, und sehen sich bedroht, wo keine Bedrohung vorhanden ist. Eine große Hilfe, um von Wut und Zorn herunterzukommen, sind verschiedene Entspannungstechniken, das **Autogene Training** oder auch die **Muskelentspannung nach Jacobson**.
Ziel:	Schlichter-Schülerinnen und -Schüler sollen darin geschult werden, ihre eigenen Gefühle und die Gefühle anderer wahrzunehmen und mäßigend und beruhigend auf andere einzuwirken. Sie müssen fähig sein, mit anderen verbal und nonverbal vertrauensvoll zusammenzuarbeiten, d.h. sie müssen Körpersprache, Mimik und Gestik gezielt einsetzen und bei anderen deuten können.
Zeit:	mehrere Doppelstunden
Materialien:	keine

Erstes Beispiel für eine Doppelstunde: Gefühle und Entspannung

Warming-up	**„Das Zaubertuch“** **„Der imaginäre Ball“**
Reflexion und Partnerarbeit	Abb. 51: „Was empfindet dieser Junge?“ „Woran erkennt ihr das?“ „Kennt ihr dieses **Gefühl**?“ „Wann seid ihr schon einmal sehr wütend gewesen?“ Die Schülerinnen und Schüler tauschen sich in Partnerarbeit über Situationen aus, in denen sie schon einmal „zum Bersten“ wütend gewesen sind.
Darstellende Phase	Abb. 52: Die Schülerinnen und Schüler betrachten das Arbeitsblatt (Abb. 52) und stellen ihrerseits die dort angesprochenen **Gefühle** dar. Wichtig ist, dass deutlich wird, wie unterschiedlich die einzelnen Gefühle von verschiedenen Personen dargestellt werden. **Variante:** *Pantomime:* Wie ich etwas empfinde.
Entspannungsphase	Die Schülerinnen und Schüler setzen sich bequem auf ihren Stuhl, schließen die Augen und hören sich zunächst in eine Musik ein. Dann erzählt die Lehrerin/der Lehrer eine Geschichte (Müller 1985, 1987), und die Schülerinnen und Schüler achten auf ihre gleichmäßige Atmung: ruhig und entspannt. Sie berichten anschließend, wie es ihnen beim Zuhören und Einfühlen in die Musik ergangen ist.
Abschlussintervention	**„Ich mag dich, weil ...“** Die Schülerinnen und Schüler stehen in zwei Reihen einander gegenüber. Jeder geht auf sein Gegenüber zu und vervollständigt den Satz: „Ich mag dich weil ...“. Dann begibt er sich zum nächsten schräg gegenüber.

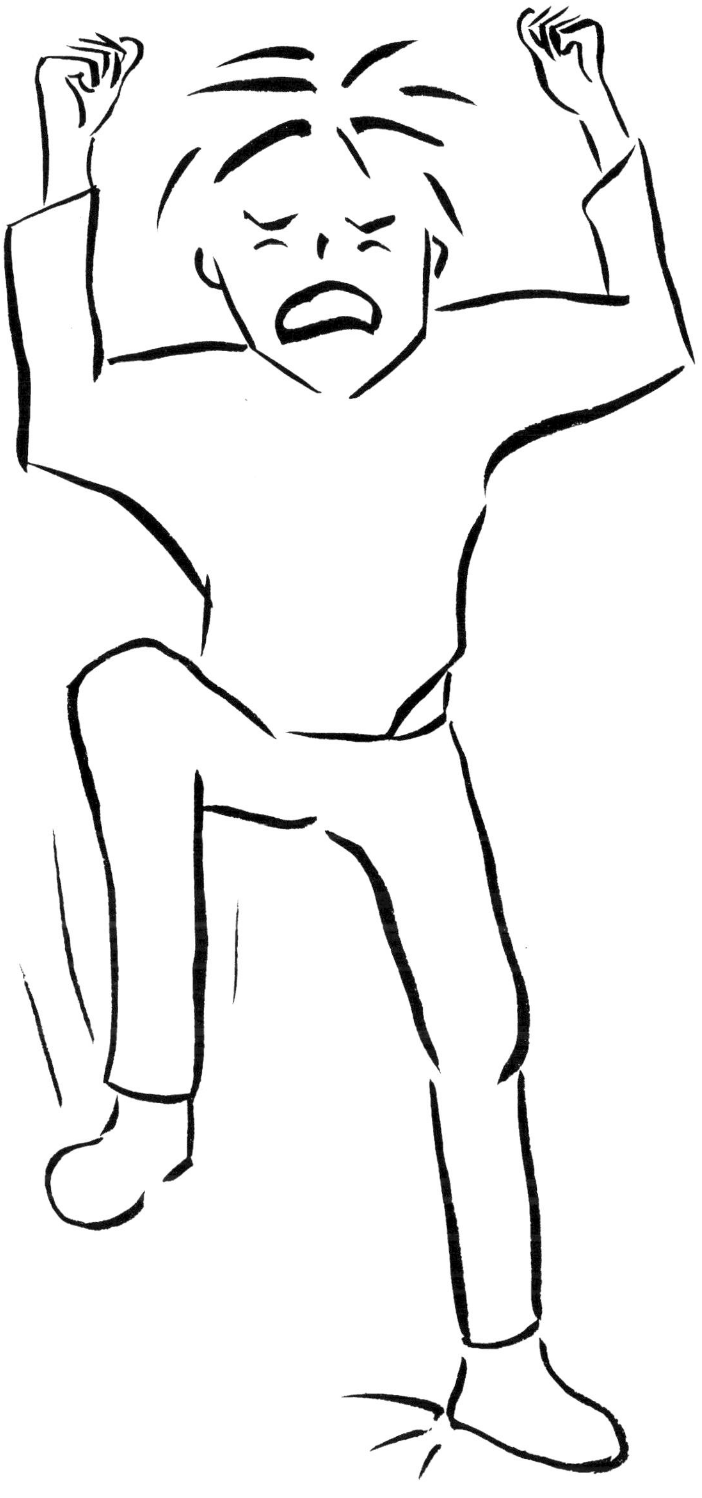

Abb. 51: Wut

Abb. 52: aus Aliki, Gefühle sind wie Farben, 1987 Beltz Verlag, Weinheim und Basel. Programm Beltz & Gelberg, Weinheim. Mit freundlicher Genehmigung des Verlages.

Zweites Beispiel für eine Doppelstunde: Gefühle

Warming-up	**„Die Raupe“**
Expressive Phase	**Geräuschkette:** Gefühle werden mit Musikinstrumenten dargestellt. Alle Schülerinnen und Schüler sitzen im Kreis und halten ein Musikinstrument in Händen. Einer beginnt und schlägt sein Instrument einmal an, es geht reihum, jeder darf nur *einmal* anschlagen. Dann wird eine neue Regel eingeführt. Schlägt jemand sein Instrument *zweimal* an, wird die Richtung gewechselt. Neue Regel: Schlägt jemand sein Instrument *dreimal* an, wird der Nachbar übersprungen. Vier Schülerinnen und Schüler setzen sich in die Mitte des Kreises, erhalten vier Karteikarten mit den Gefühlsbezeichnungen: *fröhlich, traurig, angstvoll, wütend*. Jeder zieht sich eine Karte und stellt sein Gefühl musikalisch dar. Sobald Schüler aus dem Außenkreis das Gefühl erraten haben, klinken sie sich mit ihrem Instrument in derselben Weise ein.
Reflexive Phase	Wie zeigt ihr **Gefühle**? Worauf achtet ihr, wenn ihr Gefühle bei anderen erkennen wollt? Es entsteht ein **Tafelbild** mit den Begriffen: **Gestik:** Körperhaltung, Kopf, Beine, Arme, Hände: locker, gespannt, verkrampft, zitternd **Mimik:** Gesichtsausdruck: Augen, Augenbrauen, Nasenflügel, Lippen. Gesichtsfarbe: rot, blass
Reflexive Phase	Wie viele **Gefühle** kennt ihr? Es werden Karten im DIN-A5-Format verteilt, auf denen die Schülerinnen und Schüler alle diejenigen Gefühle notieren, die sie kennen. Es geht hierbei auch um sprachlichen Ausdruck. Anschließend wird Abb. 8 betrachtet und gefragt, welche dieser Gefühlsbezeichnungen ihnen vertraut sind.

Phase der Identifikation und Einfühlung	**„Vertauschte Rollen"** Die Schülerinnen und Schüler schreiben ihren Namen auf eine Karteikarte. Alle Karten werden eingesammelt, gemischt und wieder verteilt. Nun sagt jeder über seinen gezogenen Klassenkameraden vier Sätze, und zwar: – Ich bin ... – Ich sage oft ... – Ich möchte immer ... – Ich mag gern ... Jeder spricht in der *Ich*-Form, die anderen müssen erraten, wer gemeint ist.
Abschluss	**Entspannung** mit Musik und einer Geschichte von Müller (1985, 1987).

Dritte Trainingseinheit: Gesprächsführung

Grundgedanke:	Wenn Schülerinnen und Schüler miteinander sprechen, dann achten sie im Allgemeinen nicht auf die Wirkung ihrer Worte. Sie sprechen so, wie es ihnen spontan in den Sinn kommt. Sie hören auch häufig nicht genau zu, gehen nicht auf den anderen ein und bleiben bei sich und ihren Gedanken. Schlichter-Schülerinnen und -Schüler benötigen jedoch eine *hohe Gesprächskompetenz*, die sich darin zeigt, dass sie „aktiv zuhören“ können, um in Konfliktsituationen zu verstehen, worum es eigentlich geht und um anschließend zu vermitteln bzw. die Streitenden dazu zu bringen, eine Konfliktlösung zu erarbeiten. *Aktiv zuhören* heißt verstehen, was die einzelnen Streitparteien gesagt haben, es mit eigenen Worten wiedergeben (spiegeln), Fragen stellen, die das Gespräch voranbringen und vor allem den gefühlsmäßigen Inhalt des Gesprächs verbalisieren, so dass die Gesprächspartner sich verstanden fühlen. Dies alles sind Fähigkeiten, welche die Schülerinnen und Schüler nicht ohne weiteres beherrschen und die daher über einen längeren Zeitraum trainiert werden müssen. Schlichter-Schülerinnen und -Schüler müssen sich akzeptabel mitteilen, Konsequenzen antizipieren und in Gesprächen die Leitung übernehmen können (Jefferys 1995). Dies setzt ein gewisses Selbstbewusstsein und Erfahrung in Gesprächen mit anderen voraus.
Ziel:	In der Schlichter-Schulung sollen die Schülerinnen und Schüler die oben genannten Fähigkeiten erwerben, so dass sie in die Lage versetzt werden, Gespräche zu führen, damit die Streitenden sich angenommen fühlen und im Vertrauen auf die Kompetenzen des Gesprächsleiters in ruhiger und entspannter Atmosphäre eine Konfliktlösung erarbeiten können.
Zeit:	Mindestens 5 Doppelstunden.
Materialien:	keine

Erstes Beispiel für eine Doppelstunde: Gesprächsführung

Warming-up	**„Ich bin der Boss“**
Reflexionsphase	**Äußere Bedingungen für ein gutes Gespräch.** Wie soll der Schlichtungsraum aussehen? Wie ist die Tisch- und Sitzordnung? Die Schüler entwerfen auf Plakaten eine Sitzordnung, die dann anschließend aufgehängt und besprochen wird. Anhand des Arbeitsblattes (Abb. 53) werden ungünstige und günstige Sitzordnungen gegeneinander abgewogen. Grundsätzlich ist es gut, wenn die beiden Streitparteien nicht unmittelbar nebeneinander sitzen. Es ist günstig, wenn sie durch einen (nicht zu großen) Tisch voneinander getrennt sind, jedoch nahe bei den Schlichtern (Schlichter oder Schlichterin) sitzen. Wenn es keinen geeigneten Tisch im Raum gibt, sollten auf jeden Fall alle drei Personen sitzen und nicht wie in Anordnung 4 die Schlichter sitzen und die Streitparteien vor ihm/ihr stehen. Die Schlichter sollten unbedingt mit *beiden* Blickkontakt haben können. **Körperhaltung:** Was ist wichtig? Ein Tafelbild wird entworfen. Ein Schlichter sollte: – beide Streitparteien anschauen können – offen und freundlich blicken – entspannt und locker sitzen – sich mit Namen vorstellen – die Namen der beiden Streitparteien erfragen – sie mit ihren Namen anreden
Erarbeitungsphase	Wiederholen, was ich verstanden habe. Die Schülerinnen und Schüler bilden Dreiergruppen, von denen einer irgendeine Begebenheit erzählt (es muss kein Problem sein), der andere gut zuhört und – wenn der erste eine Pause macht – wiederholt und zusammenfasst, was er bislang verstanden hat. Diese Übung kann in mehreren Sitzungen immer wieder durchgeführt werden, denn sie ist nicht einfach.
Abschluss	**„Autorennen“**

Sitzordnung im Schlichtungsraum

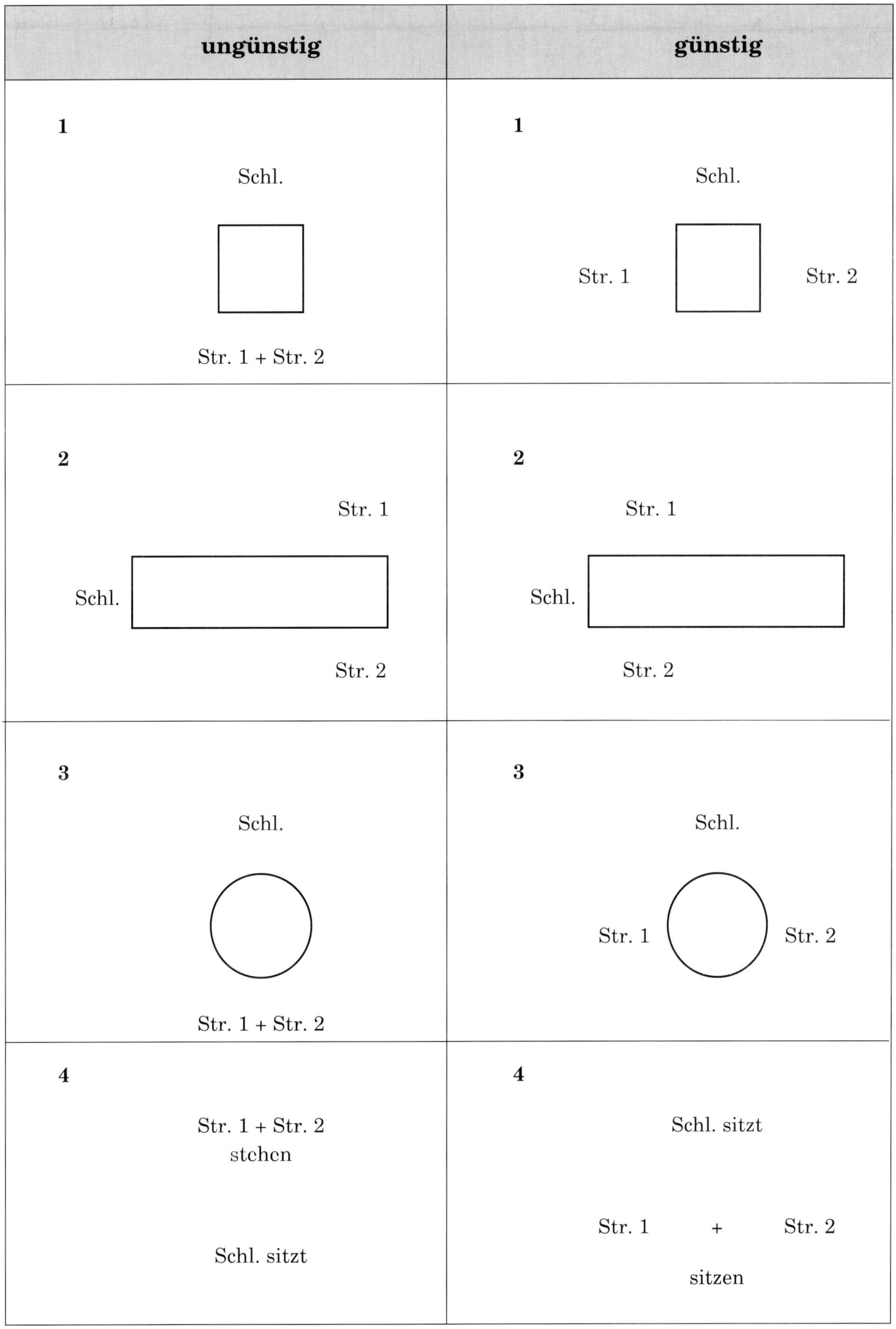

Abb. 53

Zweites Beispiel für eine Doppelstunde: Gesprächsführung

Warming-up	**„Moin, moin, moin, moin“**
Rollenspielphase	Zwei Rollenspiele zum *positiven* und *negativen* Gesprächsverhalten. Zwei Schülerinnen oder Schüler sitzen sich gegenüber. Einer erzählt dem anderen, was er neulich erlebt hat. Thema: „Was ich neulich erlebt habe“. Die Schülerinnen und Schüler erhalten jeweils Kärtchen mit genauen Anweisungen, wie sie sich im Gespräch verhalten sollen (Abb. 54 und 55).
Erarbeitungs- und Übungsphase	Es wird über die **Bedeutung von Fragen** gesprochen. Wann stelle ich Fragen? Welche Frage wirken inquisitorisch und flößen Schuldgefühle ein? Die Schülerinnen und Schüler lernen anhand der Abb. 56, „offene Fragen“ zu stellen. In Kleingruppen sollen sie versuchen, die direkten Fragen umzuformulieren. Die Ergebnisse werden anschließend besprochen.
Erarbeitungs- und Übungsphase	Die Schülerinnen und Schüler lernen anhand der Abb. 57, einfühlende Antworten zu geben, indem sie versuchen, den emotionalen Inhalt der Gesprächsaussage wiederzugeben. Dies ist eine sehr schwere Übung und bedarf der Wiederholung und Festigung. **Variante:** Die Schülerinnen und Schüler sitzen im Kreis, einer sagt einen Satz mit einem Gefühlsausdruck, z.B. „Neulich habe ich einen Unfall mit angesehen“ oder „gestern hat mir mein kleiner Bruder meine Zeichnung zerrissen“. Die anderen müssen den emotionalen Ausdruck, der in dem Satz möglichst auch deutlich werden sollte, wiedergeben.
Abschluss	**„Blindenspaziergang“**

Rollenspiel: Du sprichst mit einer Klassenkameradin/einem Klassenkameraden, die/der dir ganz aufgebracht von einem Erlebnis erzählt, das sie/er vor kurzem gehabt hat.

Du verhältst dich bei diesem Gespräch folgendermaßen:

- **Du nimmst keinen Blickkontakt mit deinem Partner auf.**
- **Du schaust ständig auf deine Uhr, so als stündest du unter Zeitdruck.**
- **Du stöhnst über die Hitze und fragst, ob nicht jemand das Fenster öffnen könne bzw. öffnest es selbst.**
- **Du entdeckst einen Fussel auf deiner Jacke.**
- **Du hast etwas im Auge bzw. bist durch andere Dinge abgelenkt.**
- **Du gähnst vor Langeweile.**
- **Du verhältst dich hektisch und unruhig.**
- **Du sagst: Ach, das ist ja nicht so schlimm ...**
- **Du fragst: Warum hast du nicht einfach dies oder jenes gemacht?**
- **Du erzählst von dir und einem ähnlichen Erlebnis.**

Abb. 54

Rollenspiel: Eine Klassenkameradin, ein Klassenkamerad erzählt dir ganz aufgebracht von einem Erlebnis, das sie/er vor kurzem gehabt hat.

Du zeigst im Gespräch folgende Verhaltensweisen:

- **Du schaust deinen Gesprächspartner interessiert an.**
- **Du blickst voller Mitgefühl.**
- **Du nickst oft zustimmend.**
- **Du bist ruhig und gelassen.**
- **Du fühlst mit und gibst ihm dies zu verstehen.**
- **Du gibst keine Ratschläge, sondern überlegst mit ihm gemeinsam, was zu tun ist.**
- **Du ermunterst ihn auszusprechen, was er befürchtet.**
- **Du greifst seine Gedanken auf und sprichst seine Gefühle aus, die du wahrnimmst.**

Abb. 55

Direkte Fragen	Umformulierungen
1) Warum bist du weggelaufen?	Du bist weggelaufen, weil du Angst hattest?
2) Warum hast du das gemacht?	
3) Warum bist du nicht zur Schule gegangen?	
4) Woran liegt es, dass du immer so müde bist?	
5) Hast du schon einmal ausprobiert, mit deinem Lehrer darüber zu sprechen?	
6) Fehlte dir der Mut, oder warum hast du es nicht gemacht?	
7) Geht es dir jedesmal so dabei?	
8) Wieso sagst du ihm nicht einfach, dass du Schluss machen willst?	
9) Warum hast du sie nicht einfach stehengelassen?	
10) Wie erklärst du dir, dass deine Lehrerin immer so häufig schimpft?	

Abb. 56

Äußerung	einfühlende Antwort
1) Plötzlich hat er mir eine runtergehauen	Du bist noch ganz schön wütend, wenn du daran denkst.
2) Meine Freundin hat sich überhaupt nicht um mich gekümmert!	
3) Manchmal kann ich meine Klasse einfach nicht ab!	
4) Er spielt sich immer auf, als ob er der Größte wäre!	
5) Es ist eine reine Cliquenwirtschaft in unserer Klasse!	
6) Ich weiß gar nicht, was der immer hat! Der mag mich nicht!	
7) Am liebsten würde ich ihm auch etwas wegnehmen!	
8) Ich kann überhaupt nicht an ihr vorbeigehen, ohne dass sie irgendetwas tuschelt.	
9) Die ganze Klasse ist gegen mich!	
10) Ich bin hierhergekommen, damit der Streit beendet wird. Aber was tust du eigentlich, um mir zu helfen?	

Abb. 57

Vierte Trainingseinheit: Ablauf einer Schlichtung

Grundgedanke:

Der Ablauf einer Schlichtung ist *systematisiert*, geht in bestimmten Schritten vor sich und erfolgt nach bestimmten Regeln. Diese stellen ein Handlungsgerüst für die Schülerinnen und Schüler dar und sind eine Hilfe für sie. Die Schlichtung verläuft in *neun* Phasen, wobei die Phasen *eins bis fünf* eine Einheit bilden, in denen die verbale Aktivität der Schlichter größer ist als die der Streitenden. In den Phasen *sechs bis sieben* tritt die Aktivität der Schlichter hinter die der Streitenden zurück, d.h. die Streitenden sprechen mehr und mehr miteinander, hören einander zu und wiederholen das, was sie voneinander verstanden haben. In den Phasen *acht bis neun* sind dann wieder die Schlichter aktiv, formulieren und fassen zusammen und halten die Lösung in einem Vertrag fest.

Phase 1:

Zu Beginn der Schlichtung erfolgt die Kontaktaufnahme zwischen Schlichter und Streitparteien. Hier geht es darum, sich gegenseitig kurz vorzustellen und eine gute Atmosphäre zu schaffen.

Phase 2:

Die Schlichter erkundigen sich danach, ob beide Kontrahenten auch freiwillig zur Schlichtung gekommen sind und erfragen, ob beide wirklich an einer gemeinsamen Lösung interessiert sind.

Phase 3:

Sie weisen auf ihre Neutralität hin und darauf, dass sie alles, was sie hören, vertraulich behandeln werden.

Phase 4:

Wenn dies klar ist, erläutern die Schlichter die Regeln, weisen entweder auf ein Plakat mit den Regeln hin, das eventuell im Schlichtungsraum hängt, oder sie sprechen sie noch einmal ausdrücklich aus.

Phase 5:

Die Schlichter fragen danach, wer anfangen möchte zu berichten. Nachdem die beiden Streitenden jeweils ihre Sichtweisen berichtet haben, fassen die Schlichter zusammen, was sie verstanden haben und erkundigen sich, ob dies so richtig ist.

<table>
<tr><td></td><td>

Phase 6:

Die Schlichter steigen inhaltlich in das Geschehen ein und fragen nach den Gefühlen und Beweggründen sowie nach näheren Einzelheiten.

Phase 7:

Die Schlichter ermuntern beide, über Lösungsmöglichkeiten nachzudenken, diese aufzuschreiben, zu sammeln und dann zu bewerten.

Phase 8:

Es erfolgt eine Einigung auf eine der Lösungen. Diese wird genau formuliert und gemeinsam mit dem Konfliktgeschehen notiert.

Phase 9:

Die Schlichter bedanken und verabschieden sich

Die Reihenfolge der einzelnen Schritte oder Phasen muss nicht strikt eingehalten werden, die einzelnen Phasen können je nach Gesprächsverlauf und Situation auch vertauscht, erweitert oder gekürzt werden. Die Reihenfolge stellt gerade für ungeübte Gesprächsleiter eine Orientierungshilfe dar (Besemer 1997).

Manchen Schülerinnen und Schülern fallen passende Formulierungen schwer, sie finden nicht immer klare und deutliche Ausdrucksweisen. Daher ist es wichtig, ihnen *verbale* Hilfen zu geben. Sie müssen nicht, aber sie können, wenn sie möchten, darauf zurückgreifen.

</td></tr>
<tr><td>

Ziel:

</td><td>

Die Schlichter-Schülerinnen und -Schüler sollen sich gedanklich mit den Fähigkeiten eines Schlichters auseinandersetzen und lernen, worauf sie als gute *Schlichter* achten müssen.

Sie sollen die Phaseneinteilung des Schlichtungsgesprächs als *Strukturierungshilfe* ansehen und darauf zurückgreifen. Die *Formulierungen* sind nur als Hilfe gedacht, nicht als stereotype Vorformulierungen. Die Schülerinnen und Schüler sollen erkennen, dass jede Phase für den Gesprächsablauf wichtig ist. Ziel des Gesprächs ist nicht nur die Konfliktlösung, sondern dass die beiden Streitenden miteinander ins Gespräch kommen, ihre Sichtweisen austauschen und gemeinsam nach einer Lösung suchen, wie auch immer diese dann aussehen mag.

</td></tr>
</table>

Zeit:	Eine Doppelstunde
Material:	kein

Erstes Beispiel für eine Doppelstunde: Ablauf einer Schlichtung

Warming-up	**„Imaginärer Ball“**
Reflexions- und Übungsphase	„Welche **Formulierungen** findet ihr für die einzelnen Gesprächsphasen?“ An die Tafel werden die Überschriften Phase 1, Phase 2, Phase 3, Phase 4, Phase 5 etc. geschrieben und tabellenweise eingeteilt. Die Schülerinnen und Schüler sammeln auf Karteikarten spontane Äußerungen, die zu den Phasen passen und heften sie in die entsprechende Tabelle. Die Formulierungen werden diskutiert, für gut befunden, verworfen, so dass eine Sammlung an geeigneten Sätzen übrigbleibt. Diese werden im **Rollenspiel** ausprobiert und auf ihre Wirkung hin geprüft.
Reflexionsphase	Bearbeitung des Arbeitsblattes (Abb. 58) **Arbeitsanweisung:** „Welche dieser Äußerungen könnt Ihr übernehmen, welche möchtet Ihr verändern und umformulieren? Unterstreicht diejenigen, die Ihr behalten wollt und formuliert diejenigen um, die Euch nicht so gut gefallen.“ Wichtig hierbei ist, dass die Schülerinnen und Schüler zwar ihren eigenen Sprachstil behalten, jedoch Anregungen für Formulierungen aufnehmen.
Erarbeitungsphase	**Der Schlichtungsvertrag** Die Schülerinnen und Schüler erhalten ein erstes Arbeitsblatt mit den Streitthemen (Streitanlässe: Abb. 27) und ein zweites mit dem Schlichtungsvertrag (Abb. 59). Sie üben zunächst nur die genaue Formulierung von Streitanlässen. – Wer sind die Streitenden? – Worum ging es bei dem Konflikt? Sie teilen sich in Kleingruppen auf und formulieren konkret den Streitanlass. Die verschiedenen Formulierungen werden dann vorgelesen. Die Streitlösung wird zu einem anderen Zeitpunkt erarbeitet (siehe zweites Beispiel einer Doppelstunde).
Abschluss	**„Lob entgegennehmen“**

Phase	Vorschläge für mögliche Formulierungen
Phase 1	– „Guten Tag, ich heiße ..., wie heißt ihr?“ – „Hallo, ich bin, und wer seid ihr?“ – „Willkommen im Schlichtungsraum, mein Name ist ..., wie sind eure Namen?“
Phase 2	– „Ich denke, ihr seid freiwillig hier und wollt euch wieder vertragen, ist das so?“ – „Ich möchte euch jetzt fragen, ob ihr freiwillig hierher gekommen seid und ob ihr euch bemühen wollt, eine Lösung zu finden.“ – „Seid ihr freiwillig gekommen und wollt ihr wirklich für euch eine Lösung finden?“ – „Bevor wir anfangen, frage ich euch, ob...“
Phase 3	– „Meine Aufgabe ist es, neutral zu sein.“ – „Ich bin unparteiisch, d.h. ich halte zu keinem von euch.“ – „Ich werde euch beiden zuhören, keinen von euch bevorzugen, denn ich bin neutral.“ – „Alles, was wir hier besprechen, bleibt unter uns.“ – „Ich bitte euch auch um Vertraulichkeit, d.h. niemandem etwas davon weiterzuerzählen, was wir in diesem Raum besprechen.“
Phase 4	– „Ich möchte euch auf die Regeln hinweisen. Sie stehen hier noch einmal angeschrieben“ (Hinweis auf das Plakat). – „Die Regeln lauten: jeder darf ausreden, wir unterbrechen einander nicht, und wir werden nicht handgreiflich.“
Phase 5	– „Wer möchte anfangen zu berichten, was vorgefallen ist?“ – „Ich schlage vor, dass ihr jetzt nacheinander berichtet, was vorgefallen ist. Wer möchte anfangen?“ – „Worum ging es bei eurem Streit? Wer beginnt zu erzählen?“ – „Ich fasse einmal zusammen, was ich verstanden habe.“

Abb. 58a

Phase	Vorschläge für mögliche Formulierungen
Phase 6	– „Kannst du einmal erzählen, was du dabei gefühlt hast?“ – „Wie war das genau, du hast also....“ – „Wenn du es vom jetzigen Standpunkt aus betrachtest, würdest du es noch einmal tun?“ – „Wenn du jetzt hörst, was der andere gerade gesagt hast, was denkst du dann?“
Phase 7	– „Bitte denkt jetzt einmal darüber nach, was ihr anders machen könntet.“ – „Sammelt einmal Lösungen für euren Streit.“ – „Schreibt einmal alles auf, was euch einfällt, wie ihr in Zukunft diesen Streit vermeiden könntet.“ – „Was könntet ihr beide tun, um diesen Streit in Zukunft zu vermeiden?“
Phase 8	– „Guckt euch einmal an, was ihr beide jeweils aufgeschrieben habt. Welche Lösung würde euch beiden gefallen?“ – „Einigt euch jetzt bitte auf eine der Lösungen, die ihr aufgeschrieben habt.“ – „Könnt ihr eine gemeinsame Lösung finden, die euch beide zufriedenstellt?“ – „Dann wollen wir die gemeinsame Lösung einmal genau aufschreiben.“ – „Ihr seid also zu Folgendem bereit: ...“
Phase 9	– „Ihr habt ganz toll zusammengearbeitet.“ – „Ihr habt eine Lösung gefunden.“ – „Vielen Dank für eure Mitarbeit.“ – „Jetzt sind wir fertig, ihr habt euch geeinigt, ich danke euch.“

Abb. 58b

Der Schlichtungsvertrag

Schlichter/Schlichterin: ______________________ Klasse: ____

Streitpartei A: ______________________ Klasse: ____

Streitpartei B: ______________________ Klasse: ____

Beschreibung des Konflikts: ______________________

____

____

____

Schlichtungsgespräch am: ______________________

Vereinbarung/Lösung: ______________________

____

____

Unterschrift A: ______________________

Unterschrift B: ______________________

Unterschrift Schlichter/Schlichterin: ______________________

Abb. 59

Zweites Beispiel für eine Doppelstunde: Ablauf einer Schlichtung

Warming-up	**„Steine schlagen"**
Reflexionsphase	Welche **Fähigkeiten** muss ein *guter Schlichter*/eine *gute Schlichterin* besitzen? Erarbeitung des Arbeitsblattes (Abb. 60)
Dramatische Phase	Ein **Alltagskonflikt** (Abb. 27) wird von zwei Schülerinnen oder Schülern vorgespielt. Die anderen schauen zu und beobachten, worum es geht.
Übungsphase	Die Schülerinnen und Schüler teilen sich in Dreiergruppen auf und erarbeiten nacheinander für sich jede einzelne Phase des Schlichtungsablaufes, wobei einer die Rolle des Schlichters, die anderen beiden die der Streitenden übernehmen. Nach jeweils 10 Minuten Einübung stellen sie ihre Gesprächsphase nacheinander vor. Eine **systematische Erarbeitung** jeder Phase ist notwendig. Die Schülerinnen und Schüler sollen sich genügend Zeit für die Formulierungen nehmen, vor allen Dingen auch für die Formulierung der Lösung. Durch die jeweilige Darstellung der Dreiergruppen werden unterschiedliche Varianten deutlich sowie die persönliche Note der einzelnen Schülerinnen und Schüler. Wenn das Gespräch stockt und die Schülerinnen und Schüler nicht mehr wissen, was sie sagen sollen, kann der Lehrer oder die Lehrerin helfend eingreifen. Zum Schluss können die einzelnen Gruppen ihre Variante des gesamten Schlichtungsgesprächs im Zusammenhang nacheinander darstellen. Nach jedem Gespräch werden die Schlichter und die Streitenden gefragt, wie sie sich in dem Gespräch gefühlt haben.
Abschluss	**„Autorennen"**

Die Fähigkeiten eines Schlichters/einer Schlichterin

(Bitte Zutreffendes ankreuzen!)

Ein Schlichter/eine Schlichterin soll:

- ☐ **körperlich stark sein**
- ☐ **sich zurückhalten können**
- ☐ **neutral sein**
- ☐ **sehr laut reden können**
- ☐ **aufmerksam und genau zuhören können**
- ☐ **möglichst viele Schimpfwörter kennen**
- ☐ **andere beruhigen können**
- ☐ **gute Klassenarbeiten schreiben**
- ☐ **bei den Lehrern beliebt sein**
- ☐ **sich in andere einfühlen können**
- ☐ **Lösungen für den Streit finden**
- ☐ **sehr viel reden**
- ☐ **strafen**
- ☐ **Streit und Streitlösung dem Klassenlehrer mitteilen**

Abb. 60

Fünfte Trainingseinheit: Das Schlichtungsgespräch

Grundgedanke:	Nicht alle Streitigkeiten und Auseinandersetzungen in der Schule sind für Schlichtungsgespräche geeignet. Wo liegen die Grenzen? Sie liegen dort, – wo die Konflikte an schwere Körperverletzung, an schwere Sachbeschädigung oder gar an Kriminalität grenzen. – wo Strafverfolgung, Disziplinar- und rechtliche Maßnahmen angebracht sind – Schülerinnen und Schüler psychisch überfordert wären – die Kontrahenten sich nicht einigen wollen – keine Freiwilligkeit gegeben ist. Es ist nicht einfach, Schlichtungsgespräche zu führen. Auch wenn der Ablauf eines Schlichtungsgespräches bekannt ist und die einzelnen Phasen getrennt geübt worden sind, fällt es vielen Schülerinnen und Schülern doch immer noch schwer, die Streitenden miteinander ins Gespräch zu bringen. Immer wieder verfallen sie in den Fehler, vorschnelle Lösungen selbst anbieten zu wollen. Schlichtungsgespräche sind grundsätzlich *offen*, Lösungen dürfen von den Schlichtern nicht vorgegeben werden.
Ziel:	Die zukünftigen Schlichter sollten wissen und einschätzen können, wann sie mit einem Schlichtungsgespräch überfordert sind. Sie können mit Einverständnis der Streitenden einen zweiten Schlichter hinzuziehen oder sich an die Schlichter-Lehrerinnen und -Lehrer wenden. Die zukünftigen Schlichter sollten im Training in möglichst vielen Schlichtungsgesprächen soweit gefestigt und geübt sein, dass sie den Ablauf eines Schlichtungsgesprächs „im Kopf“ haben und sich ganz auf die Streitenden konzentrieren können. Sie sollen freundlich sein und vor allem unparteiisch und beide Streitenden ausreichend zu Wort kommen lassen. Sie sollen möglichst ausführliche und gründliche Schlichtungsgespräche führen (s. Beispiel eines Schlichtungsgespräches S. 130) und lernen, sich in den jeweiligen Streit hineinzudenken. Sie sollen der Sache auf den Grund gehen, nachfragen und bei Bedarf auch die beiden Streitenden mit ihren eigenen Aussagen konfrontieren. Sie sollen lernen, die beiden Streitenden dazu zu bringen, einander zuzuhören und das zu wiederholen, was der andere gesagt hat (*Aktives Zuhören*).

Zeit:	mehrere Doppelstunden
Material:	Unterschiedliche Konfliktanlässe

Beispiel für ein Schlichtungsgespräch

Streitvorfall:

Hans und Peter haben miteinander in derselben Mannschaft Fußball gespielt. Ihre Mannschaft verlor das Spiel, weil Hans nach einem Pass von Peter das Tor verfehlt hat. Nach dem Spiel lief Peter auf Hans zu, schlug auf ihn ein und zerriss ihm sein T-Shirt.

Lisa: Schlichterin
Peter: Streitender
Hans: Streitender

Lisa	Hallo, ich begrüße euch herzlich hier im Schlichtungsraum. Ich heiße Lisa, wie heißt ihr? (Sie schaut beide nacheinander an).
Peter	Ich heiße Peter.
Hans	Ich heiße Hans.
Lisa	O.k. Ich nehme an, ihr seid freiwillig hier. Ist das so? (wieder beide nacheinander anschauen).
Peter	Ja, das ist so.
Hans	Hm, hm (nickt zustimmend).
Lisa	Und ihr habt einen Streit gehabt, den ich nun schlichten soll. Dann lasst uns mal gucken, ihr wisst, dass nicht **ich** eine Lösung finden werde, sondern wir alle zusammen, das heißt, ich möchte euch dabei helfen, eine Lösung zu finden.
Peter	Mensch, guck doch nicht so blöd, ich raste gleich aus!
Hans	Du kriegst auch gleich eine, wenn du so weitermachst! (Beide stehen auf und sind kurz davor, aufeinander loszugehen).
Lisa	Moment mal, bitte. So läuft das hier nicht! Setzt euch wieder hin! (Sie wirkt beruhigend auf die beiden ein). Ich werde euch jetzt die Regeln erklären, die ihr einhalten müsst, sonst können wir zu keinem Ergebnis kommen.

	1. Wir schlagen uns nicht. Wenn ihr es dennoch versucht, breche ich das Gespräch sofort ab. 2. Wir sprechen nacheinander und fallen uns nicht gegenseitig ins Wort. 3. Bevor der eine etwas sagt, wiederholt er zunächst das, was der andere gesagt hat. Seid ihr mit diesen Regeln einverstanden, und wollt ihr versuchen, euch daran zu halten?
Peter	Ja, ja, ist schon o.k.
Hans	Ja, geht klar.
Lisa	Prima, das wäre also geregelt. Ihr wisst, dass wir nachher einen Vertrag machen, in dem wir kurz den Streit schildern, den ihr hattet, und vor allem die Lösung aufschreiben, falls ihr eine findet. Wer von euch beiden möchte denn gerne anfangen zu erzählen?
Peter	Also, ich fange nicht an, du kannst ja anfangen.
Hans	Ich fange auch nicht an, denn er hat mich geschlagen.
Lisa	Ich merke, ihr könnt euch nicht einigen, wer anfangen soll. Seid ihr damit einverstanden, dass ich dann jemanden bitte anzufangen?
Peter	Ja, wenn du willst.
Hans	O.k.
Lisa	Dann fang du doch mal bitte an zu erzählen, Hans. Worum ging es?
Hans	Also, wir haben Fußball gespielt. Peter und ich spielten in derselben Mannschaft, und Peter stürzte nach dem Spiel auf mich zu, schlug mir ins Gesicht, war total wütend und schrie mich an, dass wir das Spiel nur meinetwegen verloren hätten. Dann riss er vor Wut an meinem T-Shirt, das ich immer bei Wettkämpfen trage. Er hat den Ärmel abgerissen!

Peter	(Springt auf, unterbricht Hans mit wütendem Gesichtsausdruck und schreit) Ja, geschah dir recht. Stimmt ja auch, nur deinetwegen haben wir verloren ...
Lisa	Peter, ich möchte dich an die Regeln erinnern. Du hast Hans nicht ausreden lassen, und du greifst ihn an und beleidigst ihn.
Peter	Was heißt hier beleidigen? Wenn der Blödmann nicht spielen kann...
Lisa	Peter, beruhige dich, ich denke, du bist doch hierher gekommen, um die Angelegenheit zu besprechen, oder nicht?
Peter	Jaaa, schon, aber ich bin eben immer noch sauer!
Lisa	Es ist ja auch ärgerlich, wenn man ein Spiel verliert. Genau darüber wollen wir ja jetzt sprechen. Kannst du mal wiederholen, was Hans eben gesagt hat?
Peter	Er hat gesagt, dass ich total wütend gewesen wäre und ihm ins Gesicht geschlagen und sein T-Shirt kaputtgerissen hätte. Stimmt sogar!
Lisa	Hans, erzähl mal, wie war das denn beim Fußballspielen?
Hans	Das war ein ganz blödes Spiel. Ich weiß auch nicht, was mit mir los war. Ich konnte nicht richtig laufen, mein Knie tat höllisch weh, und als ich auch noch das Tor verschossen habe, war ich sauer.
Lisa	Peter, wiederhole einmal, was Hans gesagt hat.
Peter	Sein Knie tat ihm weh, er konnte nicht richtig laufen.
Lisa	Ja, aber etwas Wichtiges hast du vergessen. Hans hat noch gesagt, dass er sauer auf sich selbst war. Als du, Peter, nach dem Spiel so wütend auf Hans warst, was hast du denn da gedacht?
Peter	Ich habe angenommen, er hätte absichtlich danebengeschossen, um mich zu ärgern.
Lisa	Wie kommst du darauf, dass Hans absichtlich danebenschießen würde, hat er das denn schon einmal gemacht?

Peter	Ja, im Training, da ist er immer so albern.
Lisa	Hm, Hm, da nimmst du einfach an, er würde auch im Wettkampf danebenschießen?
Peter	Na ja, ich war wütend, ich habe mich geärgert.
Lisa	Hans, wie ging es dir denn, als du danebengeschossen hast?
Hans	Ich habe mich sehr über mich geärgert, aber ich konnte einfach nicht anders, mir tat mein Knie so weh.
Lisa	Peter, könntest Du 'mal wiederholen?
Peter	Tja, das habe ich natürlich nicht gewusst, das mit dem Knie, hättest ja mal was sagen können!
Hans	Dazu hast du mir ja keine Zeit gelassen, du bist ja gleich auf mich losgestürzt.
Peter	Stimmt, hätte ich dich denn fragen sollen, wie es dir geht?
Hans	Nein, aber du hättest auch nicht gleich zuschlagen müssen.
Lisa	Was sagst du zu dem, was Hans gerade ausgeführt hat?
Peter	Dass ich nicht gleich hätte zuschlagen müssen? Na ja, ich war wütend.
Lisa	Und wenn du wütend bist, schlägst du immer gleich zu?
Peter	Nein, nicht immer.
Lisa	Warum dieses Mal?
Peter	Weil ich so enttäuscht war, dass wir das Spiel verloren haben.
Lisa	Hans, wie hast du dich denn nach dem Spiel gefühlt?

Hans	Schlecht! Ich war auch enttäuscht, genau wie Peter.
Lisa	Ich fasse mal zusammen, was wir bislang besprochen haben. Ihr habt Fußball gespielt, Hans ging es schlecht, er hatte Schmerzen im Knie und hat ein Tor verschossen. Er hat sich selbst darüber sehr geärgert. Peter hat sich auch darüber geärgert und angenommen, Hans hätte es mit Absicht gemacht. Er hat nicht gewusst, dass Hans' Knie höllisch wehtat. In seiner Wut hat er Hans geschlagen und sein T-Shirt zerrissen. Ist das so richtig zusammengefasst?
Peter	Stimmt!
Hans	Genauso war es!
Lisa	Gut, jetzt wisst ihr, wie es gewesen ist und was der andere gefühlt hat, was ihr ja vorher nicht wissen konntet. Wie würdet ihr denn jetzt handeln?
Peter	Ich glaube, ich würde nicht mehr gleich zuschlagen.
Hans	Vielleicht hätte ich ihm gleich sagen können, dass mein Knie so wehtat und dass ich auch nicht mit Absicht danebengeschossen habe.
Lisa	Vielleicht macht ihr euch jetzt einmal Gedanken darüber, wie ihr in Zukunft einen ähnlichen Streit vermeiden könntet. Schreibt doch bitte 'mal eure Ideen in Stichworten auf.
Peter und Hans schreiben	
Lisa	O.k., dann lasst mal sehen, was ihr geschrieben habt.
***Lisa* liest vor:** ***Peter* hat geschrieben:** „Erst hingucken, was mit Hans los ist. Ihn fragen, wieso er danebengeschossen hat." **Und *Hans* hat geschrieben:** „Vor dem Spiel sagen, dass mein Knie weh tut. Ich kann vielleicht nicht wie sonst spielen."	
Lisa	Ja, das sind doch gute Vorsätze. Was macht ihr denn jetzt noch mit dem zerrissenen T-Shirt? Peter, was denkst du?

Peter	Tja, ist blöd gelaufen mit dem T-Shirt, aber neu ist es ja auch nicht mehr. Tut mir leid, ich spendiere dir ein Eis.
Hans	Eis mag ich aber nicht.
Lisa	Peter, hättest du noch eine andere Idee?
Peter	Ja, ich habe zu Hause einen neuen Video-Film, echt gut, wir können ihn uns gemeinsam ansehen, oder ich leihe ihn dir aus.
Hans	Das finde ich gut. Leihst du ihn mir für zwei Tage aus?
Peter	Geht in Ordnung!
Lisa	Prima, ihr habt euch geeinigt, das finde ich toll. Wir schreiben jetzt noch die Lösung auf, ihr unterschreibt, und dann ist die Schlichtung beendet! Vielen Dank an euch beide.

Beispiel für einen Schlichtungsvertrag

Schlichter/Schlichterin: Lisa Klasse: 10a

Streitpartei A: Hans Klasse 8c

Streitpartei B: Peter Klasse: 8c

Beschreibung des Konflikts: Nach einem verlorenen Fußballspiel ist Peter sehr wütend auf Hans. Er glaubt, Hans hätte mit Absicht danebengeschossen. Peter ist daher auf ihn losgestürzt, hat ihm ins Gesicht geschlagen und dabei sein T-Shirt zerrissen.

Schlichtungsgespräch am: 12. 3. 98

Vereinbarung/Lösung: Hans und Peter vereinbaren, dass sie in Zukunft dem anderen sagen, wenn es ihnen schlecht geht und dass sie nicht gleich losschlagen. Als Wiedergutmachung für das zerrissene T-Shirt leiht Peter Hans einen seiner neuen Video-Filme aus.

Unterschrift: Hans: xxxx

Unterschrift: Peter yyyy

Unterschrift: Lisa zzzz

Beispiel für Leitfragen zum Schlichtungsgespräch

Worum geht es bei diesem Streit?	Es geht um eine Prügelei im Anschluss an ein Fußballspiel.
Womit beginnt das Schlichtungsgespräch?	Die Schlichterin begrüßt die beiden Streitenden, stellt sich mit Namen vor und fragt nach beider Namen.
Was versucht die Schlichterin herauszufinden?	Sie vergewissert sich, dass beide freiwillig gekommen sind.
Worauf weist die Schlichterin hin?	Sie weist darauf hin, dass nicht sie eine Lösung finden soll, sondern die beiden Streitenden.
Was macht die Schlichterin, als die beiden wieder handgreiflich werden wollen?	Sie weist auf die Regeln hin und fragt, ob beide versuchen wollen, sich an diese zu halten.
Womit soll das Gespräch enden?	Mit einem Vertrag, den beide unterschreiben.
Bestimmt die Schlichterin, wer anfangen soll zu erzählen?	Ja, aber erst nachdem sich beide nicht einigen können.
Bleibt die Schlichterin ruhig und sachlich?	Ja, sie versucht, beruhigend auf die beiden einzuwirken, auch als diese wieder handgreiflich werden.
Wie geht die Schlichterin auf die beiden ein?	Sie lässt sie nacheinander zu Wort kommen und ermuntert sie zum Wiederholen dessen, was der andere jeweils gesagt hat.
Worauf achtet die Schlichterin besonders genau?	Sie achtet darauf, dass die beiden auch die jeweiligen Gefühle des anderen wiederholen bzw. macht sie darauf aufmerksam, wenn sie dies vergessen haben.
Wie ist die Aktivität der Schlichterin zu Beginn des Gesprächs, in der Mitte und am Schluss?	Zu Beginn ist die Aktivität der Schlichterin hoch, in der Mitte des Gesprächs hält sie sich zurück und lässt die beiden miteinander sprechen, gegen Ende, wenn es um den Vertrag geht, ist sie wieder aktiver.
Wodurch erreicht die Schlichterin, dass beide ihr zustimmen können?	Sie fasst das Gehörte und das, was sie bislang erfahren hat, zusammen.
Wie erreicht die Schlichterin es, dass beide darüber nachdenken, wie sie einen ähnlichen Streit in Zukunft vermeiden können?	Indem sie betont, dass beide etwas erfahren haben, was sie vorher noch nicht wussten. Damit fühlen sich beide akzeptiert.

Diktiert die Schlichterin die Lösung?	Nein, sie lässt die Streitenden die Lösungen selbst finden und aufschreiben, enthält sich jeglicher Bewertung und äußert nur ihre Freude darüber, dass sich beide geeinigt haben.
Wie endet die Schlichtung?	Der Vertrag wird formuliert und unterschrieben. Die Schlichterin dankt den Streitenden, dass sie zum Schlichtungsgespräch gekommen sind, sich geeinigt und gemeinsam eine Lösung gefunden haben.

Beispiel für ein „Extrazeugnis"

Matthias-Claudius-Schule

Städt. Hauptschule – Gemeinschaftsschule-Sekundarstufe I
Rheda-Wiedenbrück

Bescheinigung

über die Teilnahme an einer Fortbildung

Jenny Schlichter

hat im Schuljahr 1997/1998 an einer Fortbildungsveranstaltung im Rahmen der „Schlichterschulung" an der Matthias-Claudius-Schule teilgenommen. Dabei hat sie mit besonderem Erfolg unter fachlicher Anleitung Techniken der Gesprächsführung erlernt und ihre sozial–kommunikativen Fähigkeiten ausgebaut und trainiert.

Rheda-Wiedenbrück, den 24.06.1998

(LeiterIn der Fortbildung)	Siegel	(LehrerIn)

IX. Miteinander statt Gegeneinander: Projekttag der „5er"-Klassen

1. Vorbemerkungen

Parallel zur Schlichter-Schulung der interessierten Schülerinnen und Schüler aus den Klassen 9 und der Supervision der schon ausgebildeten Schlichter-Schülerinnen und -Schüler aus den Klassen 10 erfahren die Schülerinnen und Schüler der Klassen 5 zu *Beginn* des Schuljahres im Laufe eines ganz- oder auch nur halbtägigen Projekttages, dass es an ihrer Schule ausgebildete Schlichterinnen und Schlichter gibt, an die sie sich im Streit- und Konfliktfall wenden können. Sie werden für den **Gedanken der Schlichtung sensibilisiert**. Sie lernen einander an diesem Projekttag nicht nur besser kennen, sondern sie entwickeln auch ein *Wir-Gefühl* und erweitern ihre sozialen Kompetenzen. Mithilfe spielerischer Aktionen werden sie befähigt, sich und andere bewusster und sensibler wahrzunehmen, ihre Gefühle zu erkennen und adäquat zu äußern. Sie setzen sich mit verschiedenen eigenen und fremden Konfliktsituationen auseinander, überdenken eingefahrene aggressive Konfliktlösungsmuster und erproben neue und reifere Lösungswege. Sie sollen das Motto des Tages: **„Miteinander statt Gegeneinander"** selbst herausfinden und formulieren.

An diesem Projekttag nehmen auch die ausgebildeten Schlichter-Schülerinnen und -Schüler der 10. Klassen teil, die einen großen Anteil der Gestaltung übernehmen. So leiten sie zum Beispiel die Spiele an, führen das Schlichtungsgespräch durch und beantworten alle Fragen der Schülerinnen und Schüler der „5er"-Klassen zur Schlichtung. Die Schlichter-Schülerinnen und -Schüler der 10. Klassen übernehmen an diesem Projekttag wichtige Funktionen. Sie verteilen sich auf die einzelnen Klassen, so dass ca. drei Schlichterinnen und Schlichter eine „5er"-Klasse betreuen. Sie bereiten den Tag gemeinsam mit den Schlichter-Lehrerinnen bzw. Beratungslehrerinnen und der Schulpsychologin vor und unterstützen die Schülerinnen und Schüler darin, andere als gewalttätige Lösungen zu finden. Sie führen ihnen ein Schlichtungsgespräch vor und sagen ihnen, worauf es bei einer Schlichtung ankommt. Sie zeigen ihnen, dass es in einem Schlichtungsgespräch nicht um Recht und Unrecht geht, dass niemand bestraft wird, sondern dass sie in ihrer Eigenschaft als Schlichter die Streitenden darin unterstützen, sich wieder zu vertragen, wenn sie dieses möchten. Ein wichtiger Gesichtspunkt ist die Freiwilligkeit des Erscheinens der beiden Streithähne.

Der Projekttag der „5er"-Klassen findet nach einer kurzen Eingewöhnungszeit in die neue Schulform statt, so etwa in der *4. oder 5. Schulwoche* nach Schulbeginn. Er wird bewusst außerhalb des Schulgebäudes durchgeführt, in einem Jugendzentrum oder Gästehaus, um damit auch zu signalisieren, dass es sich um einen besonderen Tag handelt. Ein gemeinsames Frühstück wird sorgfältig vorher von den Lehrerinnen und Lehrern geplant und erweist sich im nachhinein stets als wichtiger Tagesordnungspunkt, der den Kindern lebhaft in Erinnerung bleibt. Die hohe Anzahl von Schülerinnen und Schülern, die täglich ohne Frühstück in die Schule kommen und sich unterwegs nur Süßes kaufen, darf nicht unterschätzt werden. Das gemeinsame Essen und Trinken, das Kennenlernen gesunder Ernährung sowie das Auf- und Abdecken schafft einen Erlebnishintergrund, der für die Entstehung eines Gemeinschafts-Gefühls von großer Bedeutung ist. Dies trifft prinzipiell für Schülerinnen und Schüler aller Schulformen zu.

Der Projekttag der „5er"-Klassen findet *klassenweise* statt, es nehmen ähnlich wie bei den Projekttagen der „9er"-Klassen stets die jeweiligen Klassenlehrerinnen und -lehrer und pro Klasse ein Schlichter-Lehrer bzw. die Beratungslehrerin und/oder die Schulpsychologin sowie die schon ausgebildeten Schlichter-Schülerinnen und -schüler teil, die mit großer Begeisterung und auch Verantwortung den Tag mit vorbereiteten.

Der Sinn des Projekttages liegt im gemeinsamen Erleben eines schönen Tages, von Interaktions- und Wahrnehmungsübungen sowie von kommunikations- und kooperationsfördernden Spielen, aber auch in der gemeinsamen Reflexion, was den Umgang mit gewalttätigen Auseinandersetzungen, mit Streit und Konflikten anbetrifft. Die Schülerinnen und Schüler erhalten den Hinweis, dass es Schlichter-Schülerinnen und -Schüler an ihrer Schule gibt, an die sie sich im Streitfall wenden können.

Von Bedeutung ist auch, dass dieser Tag mit seinen Lern- und Erlebnisinhalten anschließend im Klassenverband noch einmal nachbereitet, d.h. durchdacht, besprochen und auf einem Klassenplakat festgehalten wird (Abb. 61). Spiele und Übungen können und sollten ebenfalls auf der Klassenfahrt, die häufig zu Beginn des 5. Schuljahres als 3-Tagesfahrt durchgeführt wird, noch einmal zur Anwendung kommen, so dass die Schülerinnen und Schüler mit ihnen vertraut werden.

Beispiel für ein Klassenplakat

Miteinander statt Gegeneinander

statt

reden	schreien
zuhören	prügeln
sich vertragen	boxen
lachen	treten
Freunde sein	schlagen

Abb. 61

2. Verlaufsplan zweier Projekttage

Thema: Sensibilisierung der 5er-Klassen für das Schlichterprogramm

Interaktive Phase *Warming-up*	**Begrüßungsspiele:** – Kanon: „Moin, moin, moin, moin“ – „Einander begrüßen als ...“ – „Alle, die schon ‘mal ...“ „eine „Fünf“ geschrieben haben“ „frech zu ihrer Lehrerin/ihrem Lehrer waren“ „einen Bruder/eine Schwester haben“ „deren Lieblingsfach Deutsch/Englisch/ ... ist“ „gern Fußball spielen“ „deren Lieblingspopgruppe die , ... ‘ ist“ – „Der imaginäre Ball“
Reflexive Phase	**Thema: Konflikt/ Streit** An den Wänden hängen Bilder in Plakatform (DIN-A3-Format), auf denen Kinder bei unterschiedlichen Streitanlässen zu sehen sind: *Schlagen, Erpressen, Beleidigen, Ausschließen, Zerstören* und *Stehlen* (Abb. 28-33). Die Schülerinnen und Schüler sitzen im Kreis, sie werden aufgefordert, die Augen zu schließen und sich an ihren letzten zurückliegenden Streit zu erinnern. Sie sollen sich ihn möglichst bildlich vorstellen, sich selbst als am Streit Beteiligte und Handelnde sehen und anschließend auf einer Karteikarte kurz antworten: – Mit wem hast du gestritten? – Worum ging es bei deinem Streit – Wie hast du gestritten? Die Karteikarten werden in der Kreismitte auf dem Boden gesammelt und von den Schülerinnen und Schülern nacheinander den Bildern an den Wänden zugeordnet. Dabei können sie zunächst erzählen und beschreiben, was sie sehen und können auch noch einmal ihren erlebten Streit schildern. Sie beantworten dann Fragen wie: – Wie hast du dich gefühlt? – Wie ist der Streit ausgegangen? – Wie würdest du dich heute verhalten?

<table>
<tr><td>Interaktive Phase</td><td>Affektive Improvisation

Vier Karteikarten, auf denen die Gefühle Wut, Trauer, Angst und Freude notiert sind, werden in die Kreismitte gelegt. Die Schülerinnen und Schüler erarbeiten mit dem zur Verfügung stehenden Orff- und Schlaginstrumenten in einer kurzen Erprobungsphase eine charakteristische musikalische Ausdrucksform für ein Gefühl, das sie sich aussuchen. Eine Schülerin oder ein Schüler beginnt, eines der vier Gefühle der Klasse vorzuspielen, ohne es verbal zu benennen. Die anderen versuchen, es zu erraten.

Variante: Diejenigen, die das Gefühl erkannt haben, stimmen ein und drücken auf ihrem Instrument das Gefühl in ähnlicher Weise aus. Erfahrungsaustausch.</td></tr>
<tr><td colspan="2" align="center">Gemeinsames Frühstück</td></tr>
<tr><td>Interaktive Phase</td><td>Zaubertuch-Spiel: Die Schülerinnen und Schüler stehen im Kreis. Ein Tuch wandert durch den Kreis, von Schüler zu Schüler und wird jeweils in der Vorstellung mit einem bestimmten Ausdruck und einer Geste weitergegeben. Es kann wunderschön sein, seidig, flauschig, aber auch ekelig, heiß, kratzig etc.</td></tr>
<tr><td>Dramatische Phase</td><td>Die Schlichter-Schülerinnen und -Schüler der 10. Klassen spielen eine Streitsituation möglichst handfest und anschaulich vor. Besonders beliebt sind Streitigkeiten, die mit einer Prügelei enden. Die Schülerinnen und Schüler der „5er“-Klassen beobachten und beschreiben dann nacheinander, was sie gehört und gesehen, und was die Streitenden gesagt und getan haben. Sie ordnen Konfliktanlass und die Art und Weise der Konfliktaustragung den Bildern zu, die an den Wänden hängen.

Sie ziehen sich dann in Kleingruppen zurück und sammeln Vorschläge, wie sich die beiden Streitenden auch hätten anders verhalten können (Abb 34).

Besprechung im Plenum: Wie hättet ihr anstelle der Streitenden gehandelt? Wie hättet ihr den Streit, ohne zu prügeln, beenden können?</td></tr>
<tr><td>Reflexive Phase</td><td>Die Schlichter-Schülerinnen und -Schüler der 10. Klassen greifen den Streit auf und demonstrieren ein Schlichtungsgespräch.</td></tr>
<tr><td>Reflexive Phase</td><td>Die Schülerinnen und Schüler der „5er“-Klassen werden über die Regeln und den Ablauf einer Schlichtung informiert und erhalten Gelegenheit, den Schlichter-Schülerinnen und -Schülern Fragen zu stellen.</td></tr>
</table>

Bewegungspause	
Abschlussphase	Das Motto **„Miteinander statt Gegeneinander“** wird mithilfe eines Plakats (DIN-A3) (Abb. 62) erarbeitet, auf dem zwei Esel zu sehen sind, die nur miteinander und nicht gegeneinander Nahrung aufnehmen können (Walker 1995). Die Schülerinnen und Schüler der „5er“-Klassen beschreiben, was sie auf dem Plakat sehen und überlegen, was das Motto „Miteinander statt Gegeneinander“ für sie bedeutet. Sie werden aufgefordert, in den nächsten Tagen in ihren Klassen ein Plakat herzustellen, auf dem das Motto „Miteinander statt Gegeneinander“ als Überschrift steht. Es soll noch einmal in anderer Form mit Inhalt gefüllt und illustriert werden. Dies ist eine Aufgabe für alle, die im Klassenverband unter Mitwirkung der Klassenlehrer gelöst werden soll. Sie stellt eine Nachbereitung des Projekttages dar und veranlasst die Schülerinnen und Schüler, noch einmal den Tag zu überdenken. Sie kann auch Grundlage für die Erstellung einer Klassenregel sein: **„Nicht schlagen/ lieber reden.“**
Auswertungsphase *Abschluss*	Blitzlicht: „Der Projekttag war für mich ...“ Bewegungskanon: „Moin, moin, moin, moin“

Abb. 62: Quelle: Walker 1995b

Im Folgenden soll ein anderer Projekttag der „5er“-Klassen geschildert werden, der einen ganzen Tag dauerte und ebenfalls außerhalb der Schule stattfand. Er war mit einer Stern-Wanderung zum Tagungsort verbunden. Alle drei „5er“-Klassen trafen sich mit ihren Klassenlehrerinnen und Klassenlehrern an der Schule und gingen dann von dort, jede Klasse für sich auf verschiedenen Wegen, zum Treffpunkt, einem Jugendzentrum. An diesem Tag wurde, wie die Durchführung zeigt, große Bedeutung auf die Reflexion von Gefühlen gelegt. Das Thema lautete wie beim vorherigen Projekttag „Sensibilisierung für das Schlichterprogramm“, nur dass dieser Tag nicht mit Hilfe der Schlichter-Schülerinnen und -Schüler durchgeführt wurde, sondern gemeinsam mit den Schlichter-Lehrerinnen und -Lehrern. Es handelt sich dabei um den Projekttag im ersten Jahr, als es noch keine ausgebildeten Schlichter-Schülerinnen und -Schüler gab. Organisation und Durchführung des Tages lag daher in Händen der Lehrerinnen und Lehrer sowie der Schulpsychologin.

Von hohem pädagogischem Wert war wiederum des gemeinsame Frühstück und Mittagessen, das von den Schülerinnen und Schülern sehr geschätzt wurde. Das gemeinsame Auf- und Abräumen führte – wie die Durchführung aller Interaktionen – auch zur Entstehung eines Gemeinschaftsgefühls, das gerade für die unterste Klassenstufe so wichtig ist und die Grundlage für das soziale Miteinander in allen weiteren Klassenstufen darstellt.

Variante:

Exkursion	**Treffen** vor der Matthias-Claudius-Hauptschule. Stern-Wanderung pro Klasse zur alten Emstorschule in Rheda-Wiedenbrück.
Warming-up-Phase	**Spiele bis zum gemeinsamen Frühstück.** Begrüßungskanon: „Moin, moin, moin, moin“ Begrüßungsspiel: „alter Mann“, „Punker“, „cooler Typ, „Prinzessin/ König“, „Freunde“ etc. Kennenlern-Spiel: „Alle, die schon ‘mal ...“
9.30 – 10.15 Uhr: Gemeinsames Frühstück in den Klassen	
	Themenbereich Gefühle
Reflexionsphase	**Erkennen von Gefühlen:** Die Gesichter mit den verschiedenen Gesichtsausdrücken werden erraten und mit Gefühlsbezeichnungen belegt: zufrieden, fröhlich, erstaunt, ernst, traurig und zornig/wütend (Abb. 63).
Musikalische Phase	**Geräuschkette:** Jeder greift sich aus der Mitte ein Instrument und spielt darauf nacheinander je einen Ton, bei zweimaligem Anschlagen Richtungswechsel.
Musikalische Darstellung von Gefühlen	**Affektive Improvisation:** Es werden 5 Karten mit den Gefühlsbezeichnungen: *Zufriedenheit, Freude, Erstaunen, Trauer* und *Wut* gezeigt. Jeder sucht sich ein Gefühl aus und stellt es mithilfe seines Instrumentes dar. Die anderen erraten für sich das Gefühl und „klinken“ sich wortlos musikalisch ein.
Reflexionsphase	Zu den vier Gefühlen werden von den Kindern weitere Gefühle ergänzt. Durch Fragen, wie z.B.: Wie drückt ihr Gefühle aus? Woran kann ich erkennen, was du gerade fühlst? wird das Gespräch vorangebracht.

Dramatische Phase	Die Kinder stellen pantomimisch verschiedene Gefühle dar. Der neutrale Satz: „Herr Graf, die Pferde sind gesattelt" wird mit verschiedenen Gefühlen unterlegt: fröhlich, traurig, schüchtern etc. Mim-Würfel: Die Kinder sitzen „in einem Boot" (Segelschiff) an Tischen und „würfeln" Gefühle, die sie anschließend durch Bewegung unterstreichen und gemeinsam darstellen. Anschließend tischweises Darstellen und Erraten durch die anderen (Lindner, Walter, Wüllner 1997).
Spielphase	Ein „imaginärer Ball" wird ohne Worte weitergereicht: Jeder nimmt ihn so entgegen, wie er geworfen wurde, und verändert dessen Gestalt.
12.30 – 13.15 Uhr: Gemeinsames Mittagessen	
Themenbereich: Konflikte	
Interaktionsphase	*Interaktionsspiele:* 1. „Atomspiel" 2. „Autorennen"
Dramatische Phase	Eine *Konfliktszene* aus dem schulischen Alltag der Kinder wird von zwei Schlichter-Lehrern dargestellt. Die Kinder erzählen, was sie beobachtet haben und worum es bei dem Konflikt ging.
Reflexive Phase	Die Kinder suchen in Kleingruppen alternative Lösungen.
Szenische Darstellung	Die Kinder stellen ihre Lösungsansätze gruppenweise vor
Gesprächsphase	Besprechen einer Konfliktsituation, die auf einem Plakat dargestellt ist (Abb. 62), und Formulierung eines Leitmotivs: „Miteinander statt Gegeneinander".
Reflexive Phase	An unserer Schule gibt es die *Schlichtungsgespräche*. Was ist das? Worin bestehen sie?
Abschluss	Bewegungskanon: „Moin, moin, moin"

Abb. 63: Gefühle

X. Schlichter-AG: Organisation – Planung – Begleitung – Supervision

Die Schlichter-AG verläuft parallel zur Schlichtungstätigkeit der Schülerinnen und Schüler. Sie findet alle 14 Tage nachmittags unter der Leitung der Beratungslehrerinnen in der Schule statt und hat das Ziel, die räumlichen und zeitlichen Voraussetzungen für die Schlichtungsgespräche zu organisieren, Aktivitäten zu planen und die Schülerinnen und Schüler in ihren Schlichtungserfahrungen zu begleiten, zu unterstützen und bei auftretenden Problemen oder Schwierigkeiten helfend einzugreifen.

Meistens ist es so, dass die Schlichter-Schülerinnen und -Schüler in der Anfangsphase noch sehr wenig angefragt werden. Um dies zu ändern, kann in der Schlichter-AG gemeinsam überlegt werden, wie die Schlichtung in der Schule noch mehr bekannt gemacht werden kann. Von den Schlichter-Schülerinnen und -Schülern können zum Beispiel **Photos** angefertigt und auf ein großes Plakat mit der Überschrift „Wir Schlichter" geklebt werden (Abb. 64). Unter jedes Photo kommen Name und Klasse, damit die Schülerinnen und Schüler der Schule wissen, an wen sie sich im Streitfall wenden können. Das Plakat mit den Photos kann zum Beispiel in einem **Schaukasten** gut sichtbar für alle Schülerinnen und Schüler hängen. Der Schaukasten hat außerdem die Funktion, über Veranstaltungen der Schlichter-Schülerinnen und -Schüler zu informieren und Termine für die weitere Schlichter-Schulung bekanntzugeben. In ihm können auch die Presseartikel aufgehängt werden, die über Aktivitäten der Schlichter-Schülerinnen und -Schüler berichten (siehe Kap. XIII, Abb. 66, 67 und 68).

Besprechungsthemen in der Schlichter-AG sind zunächst mehr organisatorischer Art, betreffen im weiteren Verlauf jedoch auch Schwierigkeiten und Probleme der Schülerinnen und Schüler mit den Schlichtungen:

- Wie machen wir uns als Schlichterinnen und Schlichter noch mehr bekannt?
- Wie organisieren wir den Zeitpunkt der Schlichtungen?
- Wo sollen die Schlichtungsgespräche stattfinden?
- Richten wir einen Schlichtungsraum ein?
- Wie statten wir den Schlichtungsraum behaglich aus?
- Wer hat den Schlüssel?
- Gibt es Unterrichtsbefreiung für die Durchführung von Schlichtungsgesprächen?
- Wer erteilt dazu die Erlaubnis?
- Wer unterrichtet die betreffenden Klassenlehrer, wenn Schlichtungen anstehen?
- Wo werden die Verträge abgeheftet und aufbewahrt?

Die **zeitliche und räumliche Organisation** ist von großer Bedeutung. In der Matthias-Claudius-Schule hat sich folgende Organisation bewährt: Die Schlichtungen finden jeweils in der 6. Stunde im Beratungszimmer der beiden Beratungslehrerinnen statt. Dieser Raum ist behaglich ausgestattet, an der Wand hängt ein Plakat mit den Regeln, auf welche die Schlichter verweisen können.

Die **Verträge und Unterlagen** werden vertraulich behandelt und in einem Schrank aufbewahrt. Die Schülerinnen und Schüler, die ein Schlichtungsgespräch haben möchten, melden sich in den Pausen am Kiosk, in dem einige Schlichter-Schülerinnen und -Schüler täglich Getränke verkaufen. Dies hat sich als Anlaufstelle bewährt. Zusätzlich teilen sie ihren Wunsch den jeweiligen Fachlehrern mit, die sie dann für die entsprechende Stunde beurlauben. Die betreffenden Schlichter-Schülerinnen und -Schüler, die gerade „Dienst haben" und die angefragt werden, müssen selbstverständlich auch vorher ihre Fachlehrer informieren, wenn sie eine Schlichtung durchführen. Damit dies reibungslos funktioniert, muss Konsens unter den Kolleginnen und Kollegen der Schule darüber bestehen, dass eine Schlichtung nicht aus formalen Gründen oder mit dem Hinweis auf Unterrichtsausfall verhindert wird.

Die Schlichter-Schülerinnen und -Schüler teilen sich selbst in einen wöchentlichen „Dienstplan" zur Bereitschaft für anstehende Schlichtungen ein, d.h. in jeder Woche steht ein Schlichter oder eine Schlichterin bzw. eine Vertretung zur Verfügung. Die Schlichter-Schülerinnen und -Schüler können also nicht von den Streitenden „ausgewählt" werden, sondern wechseln sich in der Reihenfolge ihrer Zuständigkeit ab. Es gibt auch andere Organisationsmöglichkeiten (Lindner, Walter, Wüllner 1997; Leiß, Kaeding 1997). Bei komplizierten Schlichtungen können die Schülerinnen und Schüler eine zweite Schlichterin oder einen zweiten Schlichter zu Rate ziehen oder sich gegebenenfalls an die Beratungs- oder Schlichter-Lehrerinnen und -Lehrer wenden.

Die Befürchtung mancher Kolleginnen und Kollegen, dass Schlichtungen von den Schülerinnen und Schülern überwiegend als Vorwand genommen werden könnten, um dem Unterricht fernzubleiben, hat sich in der Praxis nicht bestätigt. Selbst wenn dies ein- oder zweimal vorkommen sollte, was nicht auszuschließen ist, muss dies kein Hinderungsgrund für die Institutionalisierung von Schlichtungen sein.

Weitere Fragen, die in der Schlichter-AG der Klärung bedürfen, sind mehr inhaltlicher Art und beziehen sich auf Schwierigkeiten und Unsicherheiten in der Durchführung von Schlichtungsgesprächen.

- Können wir Schlichtungen ablehnen?
- Was ist, wenn eine Schlichtung misslingt?
- Was ist, wenn wir nicht weiter wissen?

Diese Fragen berühren Befürchtungen, die nicht zu unterschätzen sind. Auch wenn die Schülerinnen und Schüler ausgebildet sind, bestehen Ängste, mitten im Schlichtungsgespräch nicht weiter zu wissen, den Faden oder den Überblick zu verlieren. Hier sind Hilfestellung und Unterstützung der Beratungslehrerinnen und -lehrer gefragt, die die Schlichter-AG leiten. Es ist wichtig, ihnen zu sagen, dass es nicht tragisch ist, wenn sie „stecken bleiben", dass sie dies ruhig ansprechen können, eventuell noch einmal einen Schritt im Gespräch zurückgehen, das Bisherige zusammenfassen oder die beiden Streithähne bitten, es zu tun. Die Schlichter-Schülerinnen und -Schüler können auch ruhig zugeben, nicht weiter zu wissen. Sie müssen nicht so tun, als behielten sie die Übersicht. Manche Schlichtungen sind kompliziert, und schon aus diesem Grund ist es verständlich, nicht immer sogleich den richtigen Ausdruck zu finden.

In der Schlichter-AG geht es auch um **Supervision**. Situationen, die als schwierig empfunden werden, können nachgespielt werden, wobei die anderen Schlichterinnen und Schlichter helfend eingreifen. Es werden Fragen besprochen, wie z.B., welche Phasen der Gesprächsführung besondere Schwierigkeiten bereiten, oder wie man Gespräche beendet, wenn absehbar ist, dass keine Lösung gefunden wird? Hier können die Schlichterinnen und Schlichter ermutigt werden, indem betont wird, dass sie sich nicht unter Druck setzen lassen und nicht mit aller Macht die Streithähne zur Versöhnung bringen müssen. Manchmal, so kann man ihnen sagen, ist eine Lösung nach *einem* Gespräch nicht zu erzielen, dann muss es eben beendet und ein nächstes Gespräch vereinbart werden – wenn die Streitenden dies wünschen. Die Schlichter sollen es auf keinen Fall als persönliche Niederlage auffassen, wenn es zu keiner Lösung gekommen ist. Sie sollen immer bedenken, dass es ja nicht in ihrer Verantwortung liegt, dies zu bewerkstelligen, sondern dass es die Aufgabe der Streitenden ist.

Durch die **regelmäßigen Treffen** der Schlichter-Schülerinnen und -Schüler in der Schlichter-AG wird ihr *Gemeinschaftsgefühl* gestärkt. Sie stellen eine Gruppe von besonders qualifizierten Schülerinnen und Schülern dar, was ihr Selbstwertgefühl hebt und festigt. Sie erfahren zum Beispiel bei den jüngeren Schülerinnen und Schülern eine hohe Akzeptanz und werden geradezu „angehimmelt". Diese Erfahrung hat wohl auch dazu beigetragen, dass die Schlichter-Schülerinnen und -Schüler auf den Gedanken kamen, sich vermehrt um die „Kleinen" zu kümmern. So wollten sie zum Beispiel die Betreuung der 5er-Klassen in den Pausen übernehmen und kamen von selbst auf die Idee, auch in die 6er-Klassen zu gehen, um ihnen den Schlichtungsgedanken nahezubringen.

Beim **Tag der offenen Tür**, den die Matthias-Claudius-Schule alljährlich zur Begrüßung der Viertklässler aller Grundschulen, die zu ihrem Einzugsgebiet gehören, veranstaltet, haben sich die Schlichter-Schülerinnen und -Schüler durch eine besonders qualifizierte Begleitung der „Kleinen" ausgezeichnet, sie durch die Schule geführt, ihnen erklärt, wo die Räume liegen etc.

Die Schlichter-Schülerinnen und -Schüler haben durch das Training und auch durch die Schlichter-AG eine größere Nähe zu ihren Lehrerinnen und Lehrern sowie zu „ihrer" Schule gefunden. Sie machten sich immer häufiger Gedanken darüber, wie sie das Schulklima noch weiter verbessern könnten und schlugen vor, gemeinsame Feste und Feiern zu veranstalten und die Lehrer bei der Pausenaufsicht zu unterstützen; alles Aktivitäten, die von einer hohen Identifikation mit ihrer Schule zeugten.

Bei einer **Schlichter-Disco** für die Klassen 5-7 übernahm eine Schlichter-Schülerin die Moderation und stellte ein Programm zusammen, nachdem sie alle Klassen zur aktiven Mitarbeit aufgerufen hatte. Bei dieser Disco wurde nicht nur getanzt, es wurden auch Informationen über die Schlichtungen gegeben. Es gab ein buntes Gemisch von Informationen und Showeinlagen. Gleichzeitig stellten sich die neuen Schlichter-Schülerinnen und -Schüler des Jahrgangs 9 vor, die sich noch in der Ausbildung befanden. Auf diese Weise lernten die Schülerinnen und Schüler der unteren Klassen nicht nur ihre *gegenwärtigen*, sondern auch ihre *zukünftigen* Schlichterinnen und Schlichter persönlich kennen.

Bei den über einen längeren Zeitpunkt konstanten Zusammenkünften im Rahmen der Schlichter-AG können auch Ideen, Pläne und Aktivitäten entwickelt werden, wenn es etwa darum geht, *Anfragen anderer benachbarter Schulen* in Bezug auf Schlichtungen zu beantworten. Mit Begeisterung haben die Schlichter-Schülerinnen und -Schüler an Elternversammlungen, Kreiselternratsitzungen mit ca. 60 Eltern sowie an pädagogischen Konferenzen anderer Schulen mit vielen fremden Lehrerinnen und Lehrern teilgenommen.

So wurden die Schlichter-Schülerinnen und -Schüler sowie ihre Beratungslehrerinnen zum Beispiel von einigen Nachbarschulen eingeladen, Inhalte der Schlichter-Schulung und Vorgehensweisen bei der Implementierung darzustellen sowie ihnen den Gedanken der „Schlichtung durch Schüler" nahezubringen. Die Anwesenheit der Schlichter-Schülerinnen und -Schüler war ausdrücklich von den Kollegien gewünscht worden, erhofften sich doch die Lehrerinnen und Lehrer der Nachbarschulen durch die Live-Präsentation eine besonders anschauliche Darstellung und Überzeugungskraft.

Während die Beratungslehrerinnen auf diesen Veranstaltungen eher die Grundidee der Schlichtung und das organisatorische Vorgehen schilderten, spielten die Schlichter-Schülerinnen und -Schüler vor versammelten Kollegien Schlichtungsgespräche vor und beantworteten alle gestellten Fragen mit großer Souveränität selbst. Für die Schülerinnen und Schüler war dies eine Herausforderung, konnten sie doch nun vor anderen Lehrkräften zeigen, was sie gelernt hatten. Die Darstellung der Schlichter-Schülerinnen und -Schüler beeindruckte die Kollegien außerordentlich und räumte vorhandene Zweifel an der grundsätzlichen Befähigung von Schülern, Schlichtungsgespräche durchzuführen, bei manchen Lehrerinnen und Lehrern aus.

Im Jahre 1998 fand in Gütersloh ein großes **Kinderforum** statt unter dem Motto „Gewaltbereitschaft unter Kindern – Ursachen und Lösungsmöglichkeiten". Auf diesem Kinderforum hatten die Beratungslehrerinnen und die Schlichter-Schülerinnen und -Schüler ebenfalls wieder Gelegenheit, die Schlichtung als solche darzustellen und vor über 100 Schulkindern weiterführender Schulen der Stadt Gütersloh und ihren Lehrerinnen und Lehrern ein Schlichtungsgespräch vorzuspielen, alle anfallenden Fragen dazu zu beantworten sowie Anregungen für die Einführung des Programms an anderen Schulen zu geben. Dies hat noch einmal das Kompetenzgefühl der Schlichter-Schülerinnen und -Schüler entscheidend erhöht. Die Schlichter-AG ist mit all ihren zusätzlichen Aktivitäten und Veranstaltungen, die sich nach und nach durch Mundpropaganda und auch durch die Presseberichterstattung ergeben haben, eine wertvolle Einrichtung zur Unterstützung der Schlichter-Schülerinnen und -Schüler sowie zur weiteren Stärkung ihrer Kompetenzen.

Das Engagement griff auch auf manche Kollegen der Matthias-Claudius-Schule über, die sich bis dahin eher skeptisch zurückgehalten hatten. Unter ihnen fand sich ein Computerfachmann, der sich von der Begeisterung für die Schlichter-Schulung anstecken ließ, auch wenn er sich nicht aktiv an der Schulung selbst beteiligte. Er entwarf ein individuelles **Faltblatt** für die Schule mit dem Logo „Streiten ist gut! Sich wieder Versöhnen ist besser!" Auf diesem ist auch ein Gruppenphoto des „harten Kerns" der Schlichter-Schülerinnen und -Schüler zu sehen, derjenigen, die sich besonders engagiert und begeistert für die Idee, die Ausbildung und das Training eingesetzt haben und zur Zeit Streitschlichterinnen und Streitschlichter an der Schule sind (Abb. 65).

Ein solches Faltblatt ist ein hervorragendes Mittel, um das *Profil einer Schule* mit zu bestimmen und mit zu prägen. Es fördert die Identifikation der Schülerinnen und Schüler mit „ihrer" Schule und hilft, das Zusammengehörigkeitsgefühl zu stärken. So tragen sowohl die Schlichter-Schülerinnen und -Schüler als auch die Schlichter-Lehrerinnen und -Lehrer und letztlich alle Kolleginnen und Kollegen der Schule, die sich in irgendeiner Weise beteiligen, dazu bei, das Schulprofil „ihrer" Schule zu gestalten und zu formen und damit die Identifikation aller mit „ihrer" Schule zu fördern; ein Ergebnis, welches das erstrebte Ziel eines jeden *Schulentwicklungsprozesses* ist. Die Schule wird bei Eltern und Kindern der Grundschulen bekannter und auch attraktiver, die Schule steht gut in der Öffentlichkeit da, andere Schulen „ziehen nach" und lassen sich ihrerseits anregen, ein eigenes individuelles Schulprofil zu erstellen.

Wir Schlichter

Daniel, Klasse 10c 	**Delia, Klasse 10a** 
Deniz, Klasse 10a 	**Dennis, Klasse 10c** 
Kazim, Klasse 10a 	**Lukas, Klasse 10e** 
Marcel-René, Klasse 10b 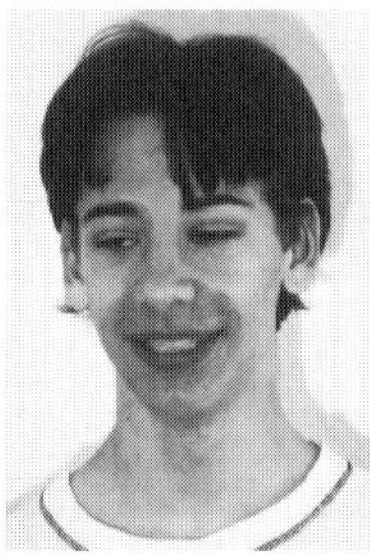	**Pinar, Klasse 10e** 
Sevcan, Klasse 10b 	**Susanne, Klasse 10e** 

Abb. 64

Abb. 65: Faltblatt der Matthias-Claudius-Schule

XI. Fragen der Evaluation: Wie wirkt sich die Schlichter-Schulung auf die Schülerinnen und Schüler sowie auf das Schulklima aus?

Fragen, wie die folgenden, werden immer wieder von Lehrerinnen und Lehrern anderer Schulen gestellt: Ist es nicht ein sehr hoher Zeitaufwand? Lohnt sich das Ganze? Was bringt das Engagement? Welche Auswirkung hat die Schlichter-Schulung konkret? Wie kann man diese feststellen?

Die Operationalisierung des Begriffs „Wirksamkeit" ist nicht einheitlich. Soll die Wirksamkeit der Schlichter-Schulung allein an der Anzahl der tatsächlich durchgeführten Schlichtergespräche gemessen werden oder an der Anzahl der präventiv verhinderten gewalttätigen Auseinandersetzungen unter den Schülerinnen und Schülern, vorausgesetzt, man könnte diese objektiv feststellen? Ist die Schlichter-Schulung „misslungen", wenn es dennoch hin und wieder gewalttätige Auseinandersetzungen an der Schule gibt? Muss eine erfolgreiche Schlichter-Schulung immer auch gleichzeitig und ausschließlich mit einer Verringerung von Streit und Auseinandersetzungen einhergehen?

Wir glauben, dass die Schlichter-Schulung auch dann wirksam ist, wenn sie sich nicht in einem messbaren Rückgang an Konflikten zwischen Schülerinnen und Schülern niederschlägt, sondern in einem veränderten Schulklima, das jedoch schwer zu objektivieren ist. Die Frage der **Evaluation** kann in einer Schule nicht statistisch anhand von stattgefundenen oder nicht stattgefundenen gewalttätigen Auseinandersetzungen bzw. der Anzahl durchgeführter Schlichtungsgespräche gelöst werden, sondern muss qualitativ im Sinne der Fragestellung: „Was hat sich seit Einführung der Schlichter-Schulung an unserer Schule verbessert?" beantwortet werden.

Für eine Evaluation haben wir die subjektiven Äußerungen von allen Lehrerinnen und Lehrern der Matthias-Claudius-Schule sowie der Schlichter-Schülerinnen und -Schüler herangezogen und sie gebeten, schriftlich auf die Frage zu antworten: „Was hat sich Deiner/Ihrer Einschätzung nach durch das Schlichterprogramm und die Schlichtungen verändert?" Von den Antworten der Lehrerinnen und Lehrer seien folgende ausgewählt:

- „Die Schlichterinnen und Schlichter sind selbstbewusster geworden."
- „Die Schülerinnen und Schüler, die am Schlichterprogramm teilnehmen, fühlen sich ernst genommen und bestätigt."
- „Die Einbindung der Schlichter-Schülerinnen und -Schüler in die Aktivitäten der Schule für jüngere Schülerinnen und Schüler, wie z.B. in den *„Schnuppertag für Grundschüler"* und die *Projekttage der „5er"-Klassen*, ist ebenso wichtig wie die Schlichtungen selbst."
- „Die Schlichterinnen und Schlichter haben einen sehr guten Eindruck auf mich und auch **„nach außen"** hinterlassen."
- „Durch die Schlichter-Schulung hat unsere Schule ein besonderes Image erhalten, wir unterscheiden uns dadurch positiv von anderen Schulen."
- „Hervorragende Außenwirkung."
- „Positive Veränderungen sind: das enge Zusammengehörigkeitsgefühl unter den Schlichterinnen und Schlichtern, die Steigerung ihres Selbstwertgefühls durch das Wissen, soziale Kompetenzen erworben zu haben, und ihr Bewusstsein, dass der Umgang miteinander ohne Gewalt möglich ist. Dies alles hat positive Auswirkungen auf das Schulklima."
- „Die Schülerinnen und Schüler, die zum Schlichterteam gehören, haben an Reife, Selbstvertrauen und Gelassenheit deutlich

gewonnen. Sie stellen Vorbilder für die jüngeren Schüler dar."

- „Mir ist aufgefallen, dass die Schlichterinnen und Schlichter auch außerhalb ihrer Tätigkeit positiven Einfluss auf andere Schüler ausüben. Eine größere Anzahl ist bereit, mehr Verantwortung zu übernehmen. Die Gesprächsbereitschaft hat sich vergrößert."

Es wird deutlich, dass die Veränderungen von den Lehrerinnen und Lehrern zunächst überwiegend bei den Schlichter-Schülerinnen und -Schülern selbst gesehen werden. Da bei jährlicher Wiederholung der Schlichter-Schulungen jeweils alle „9er"-Klassen angesprochen werden, aus denen sich dann ein Schlichter-Team rekrutiert, wird durch ihre *Vorbildwirkung* auf jüngere Schülerinnen und Schüler eine allmähliche positive Veränderung auch des Schulklimas erreicht, und zwar im Sinne größerer *Friedfertigkeit* und *Kommunikationsfähigkeit*. Wir empfehlen daher, die Evaluation durch direkte Befragung nicht sofort nach Institutionalisierung der Schlichter-Schulung durchzuführen, sondern einige Schuljahre abzuwarten, um auch wirklich Veränderungen des Schulklimas langfristig erfassen zu können.

Viele Lehrerinnen und Lehrer sind der Meinung, dass schon die Projekttage allein, die in den „9er"-Klassen durchgeführt wurden, aber natürlich in weit größerem Ausmaß das Training der Schlichter-Schülerinnen und -Schüler, *subjektive Veränderungen im Verhalten* der Schülerinnen und Schüler erbracht hätten. Sie schildern, dass die Schülerinnen und Schüler bei Rollenspielen und simulierten Bewerbungsgesprächen, die im Unterricht erfolgten, von allein auf Gestik, Mimik, Sitzhaltung und Blickkontakt geachtet hätten und sich dabei auch ihrer Bedeutung für ein gutes und erfolgreiches Gespräch bewusst gewesen wären; eine Reflexionsfähigkeit, die sie vor der Schlichter-Schulung nicht besessen hätten.

Von den Antworten der Schlichter-Schülerinnen und -Schülern auf die Fragen im Fragebogen: „Was hat sich durch die Schlichter-Schulung für dich in der Beziehung zu deinen Mitschülerinnen und Mitschülern, Lehrerinnen und Lehrern, deinen Freunden und deiner Clique, deinen Eltern und Geschwistern sowie in deiner Meinung zum Thema „Gewalt" verändert?", seien stellvertretend für andere zitiert:

- „Ich kann mich besser mit anderen unterhalten."
- „Die anderen sprechen mich darauf an, dass ich Schlichter bin."
- „Sie haben Respekt vor mir."
- „Meine Freunde fragen mich, was denn eine Schlichtung genau ist."
- „Wir reden mehr miteinander."
- „Ich bin nicht mehr so aggressiv wir früher."
- „Ich bin ruhiger geworden."
- „Ich streite mich nicht mehr so oft."
- „Ich schlage nicht mehr gleich darauflos."
- „Die Lehrer vertrauen mir."
- „Ich verstehe mich mit meinem Bruder besser."
- „Es ist immer besser, miteinander zu reden, als sich zu schlagen."
- „Ich hasse Gewalt."
- „Das Klima hat sich bei uns verbessert, weil es nicht mehr so oft Schlägereien gibt."

Unser subjektiver Eindruck ist der, dass sich bei den Schülerinnen und Schülern der *Umgangston* untereinander verbessert hat. Sie berichteten z.B., dass sie jetzt ganz anders mit häuslichen Konflikten umgingen als früher, dass sie nicht mehr bei Auseinandersetzungen sofort losschreien würden und dass sie besser zuhören könnten.

In der **Schlichter-AG** sprachen sich die beteiligten Schülerinnen und Schüler sehr positiv über die Schulung aus. Sie sagten, dass sie viel

Spaß gemacht hätte und dass sie viel gelernt hätten. Sie gaben an, dass sie z.B. das *aktive Zuhören* besonders schätzen würden und äußerten das Bedürfnis, noch mehr darüber zu erfahren. Durch die enge Zusammenarbeit mit den Schlichter- bzw. Beratungslehrerinnen und -lehrern sei es auch zu einem größeren Vertrauen zwischen ihnen gekommen. Lehrer und Schüler hätten einander anders als im Unterricht kennengelernt, und bei manchen – Lehrern und Schülern – seien verborgene Talente, z.B. Fähigkeiten der mimischen und gestischen Darstellung, der schauspielerischen Begabung – zum Vorschein gekommen. Man könnte sich jetzt viel besser verständigen und Missverständnisse, die sonst oft den Schulalltag prägen, häufiger als bisher vermeiden.

Aus der Gesundheitswissenschaft wissen wir, dass Kenntniserweiterung und Wissenserwerb allein nicht für eine Verhaltensänderung ausreichen, es muss die *emotionale Beteiligung* und *die konkrete Verhaltensschulung* im Sinne einer *Erweiterung der Handlungsalternativen* hinzukommen, um eine Einstellungsänderung zu erzielen. Die **Schlichter-Schulung** zählt genau dies zu ihren wesentlichen Inhalten. Sie basiert auf *Wahrnehmungsübungen, Gefühlsäußerungen* und *Grundtechniken der Gesprächsführung* wie Kontakt herstellen, aktiv zuhören, konkretisieren, zusammenfassen, vermitteln. Die Schülerinnen und Schülern erhalten damit ein „Rüstzeug“ für gewaltfreie Auseinandersetzungen. Ihnen werden *Kompetenzen* vermittelt, die sie sowohl bei eigenen Streitigkeiten befähigen, ruhig zu bleiben und den Konflikt verbal zu lösen als auch bei Streitigkeiten anderer vermittelnd einzugreifen und zu einer Lösungsfindung zu ermuntern.

In der Schulung selbst liegt also schon ein *hoher Gewinn*. Auch wenn die Schlichter-Schülerinnen und -Schüler gar nicht so oft „zum Einsatz“ kommen, wie sie es sich wünschen, haben sie doch durch die Schulung allein schon soviel gelernt und erfahren, dass sie daraus für sich selbst einen persönlichen Nutzen ziehen können. Nicht zuletzt haben auch die Projekttage der „5er“- und „9er“-Klassen dazu beigetragen, an deren Gestaltung und Durchführung die Schlichter-Schülerinnen und -Schüler beteiligt waren; eine Maßnahme, die sich außerordentlich bewährt und die ihnen Gelegenheit gegeben hat, erstaunliche „Lehrqualitäten“ zu entwickeln.

XII. Fotodokumentation

1. Projekttag: „5er“-Klassen

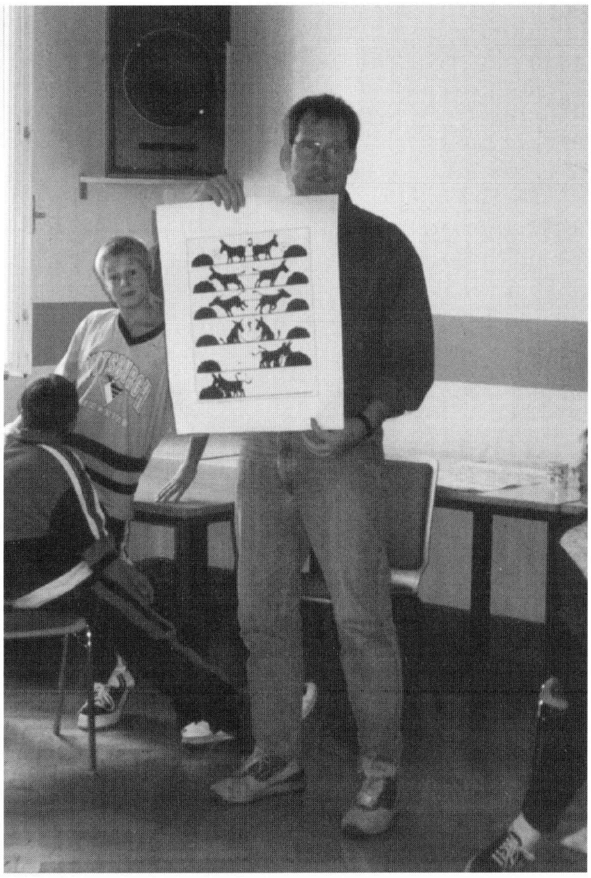

Foto 1: Unser Motto „Miteinander statt gegeneinander“

Foto 2: Wir drücken unsere Gefühle mit Musik aus (affektive Improvisation)

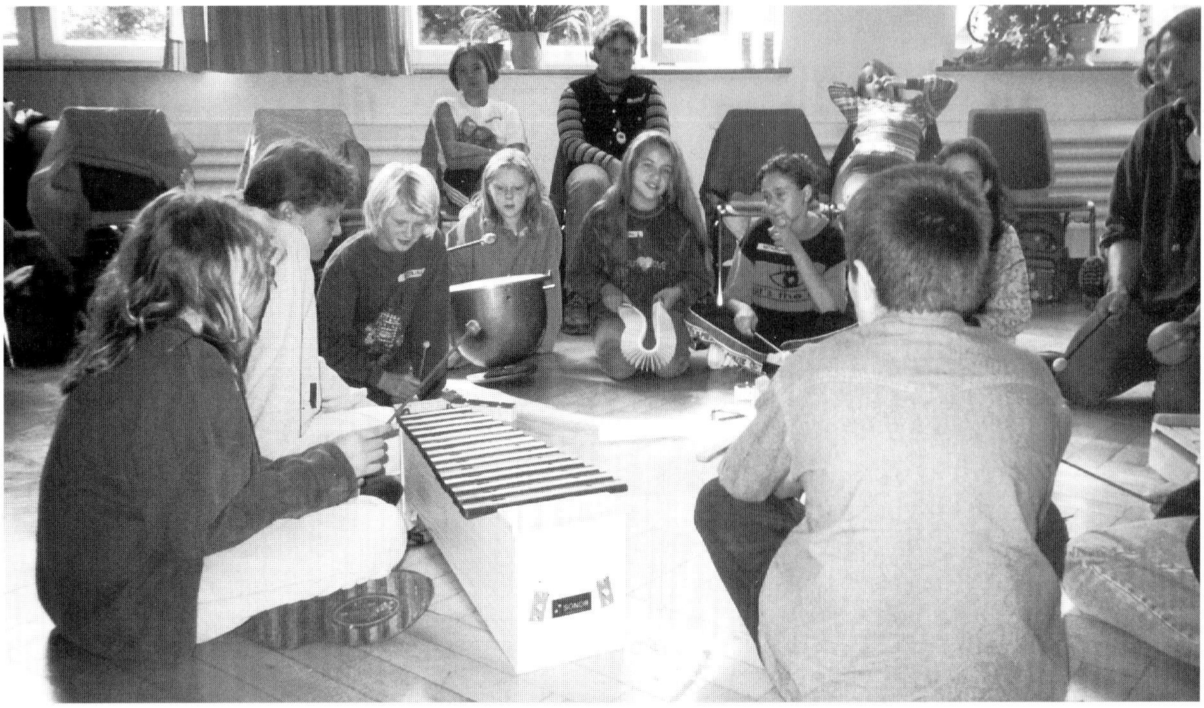

Fotos 3 und 4: Wir drücken unsere Gefühle mit Musik aus (affektive Improvisation)

Foto 5: Wir haben Spaß miteinander

Foto 6: „Der imaginäre Ball“

Fotos 7 und 7a: Unterschiedliche Streitanlässe geben Anstöße zur Diskussion

Fotos 8 und 9: Wir führen Gespräche mit den Schlichtern

2. Schlichter-Training, Klasse 9 und später 10

Foto 1: Wir arbeiten hart ...

Foto 2: Wir belohnen uns ...

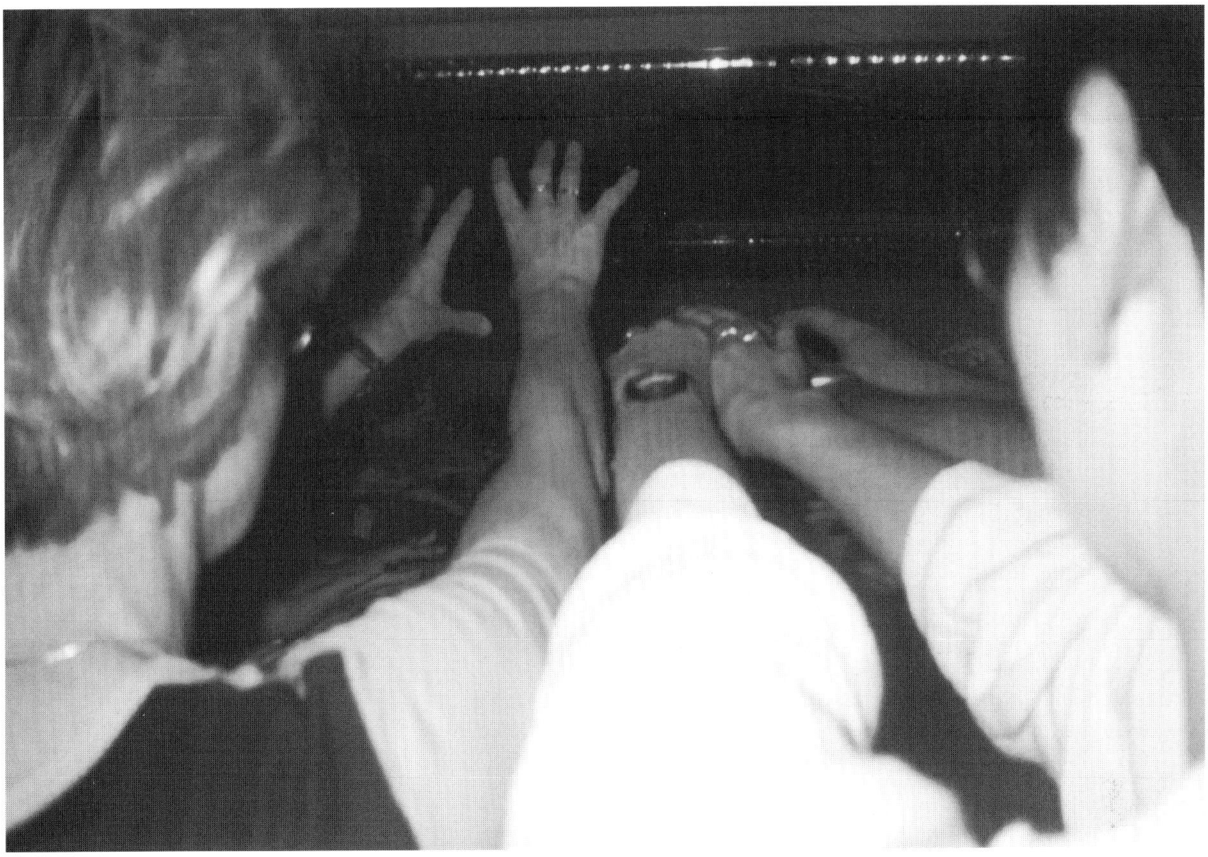

Fotos 3 und 4: Der Gordische Knoten

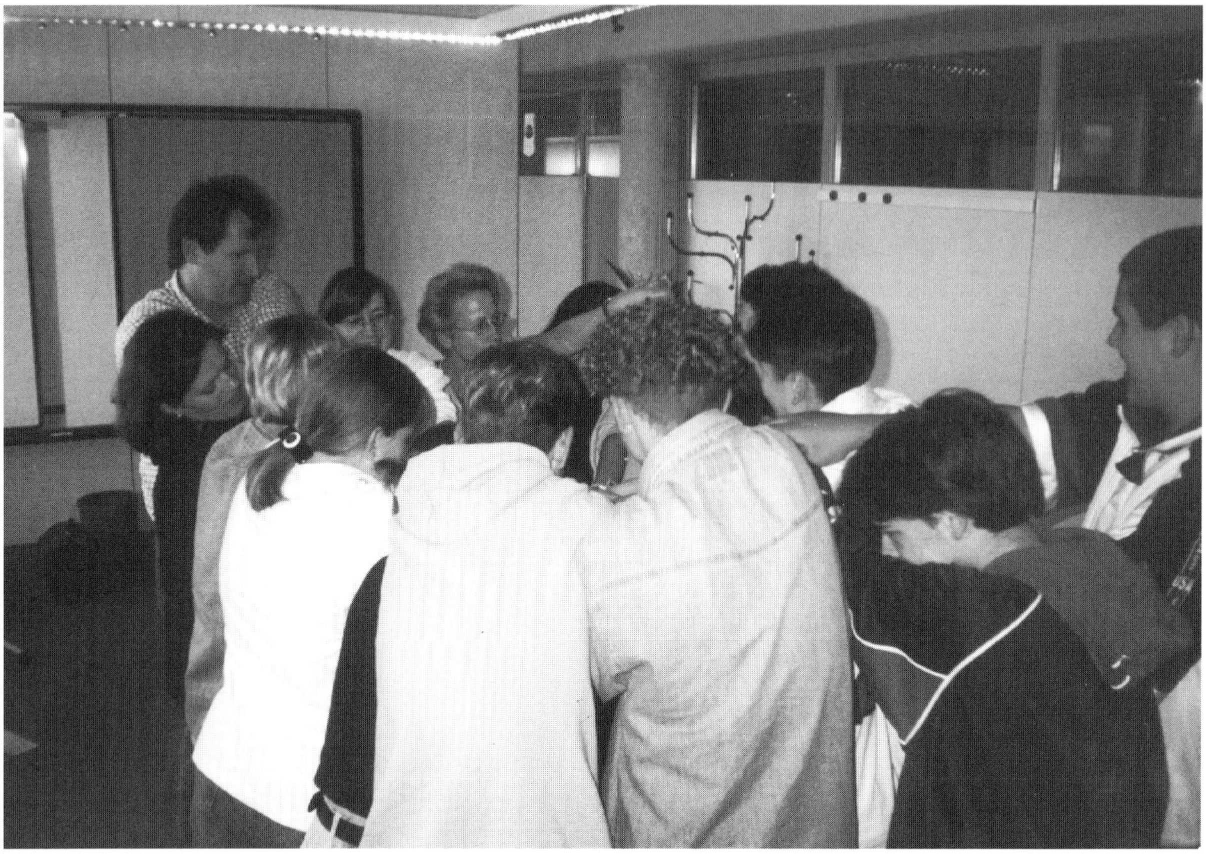

Foto 5: Der Gordische Knoten

Foto 6: Wir Schlichterinnen und Schlichter der 10. Klasse

3. Teilnahme am 3. Gütersloher Kinderforum 1998

Foto 1: Unsere Arbeitsgruppe „Schlichter-Programm" präsentiert sich

Foto 2: Wir spielen ein Schlichtungsgespräch vor

Foto 3: Der Ablauf einer Schlichtung wird für alle erklärt

4. Projekttag: „9er“-Klassen: Wer macht mit?

Foto 1: Welche Fähigkeiten muss ein Schlichter / eine Schlichterin haben? Gespräch zwischen Schülerinnen und Schüler der 9. Klasse und Pinar, einer ausgebildeten Schlichterin der Klasse 10

Foto 2: Schülergruppe der Klasse 9: Wir lernen, über Konflikte nachzudenken

XII. Pressespiegel

Im Folgenden bringen wir einen Ausschnitt aus den zahlreichen lokalen Pressereaktionen auf die Einführung des Schlichterprogramms an der Matthias-Claudius-Schule und auf die damit verbundenen Aktivitäten in den Nachbarschulen und dem großen Gütersloher Kinderforum (Abb. 66, 67, 68, 69, 70 und 71).

Marcel-René und Daniel, zwei der Schlichter-Schüler, interessierten sich besonders für Journalistik, hatten ein Praktikum bei Radio Gütersloh absolviert, stellten beim Kinderforum ihre Fähigkeiten als Radioreporter unter Beweis und interviewten verschiedene Personen zum Thema Streitschlichtung. Sie gestalteten eine Radiosendung von 45 Minuten, die im Januar 1999 im Lokalfunk gesendet wurde.

DAS STREIT-SCHLICHTER -PROGRAMM

vorgestellt am 21.4.1998

vor der Stadtschulpflegschaft Rheda-Wiedenbrück

Streit, Gewalt und Aggressionen unter Schülern gehören nach wie vor zum Alltag in unseren Schulen. Lehrer und Lehrerinnen fühlen sich überfordert und genötigt, immer mehr Unterrichtszeit zum Schlichten und Lösen von Konfikten aufzubringen. Das Streit-Schlichter-Programms geht davon aus, daß Schülerinnen und Schüler fähig sind, viele ihrer Streitigkeiten selbst zu schlichten und Lösungen für ihre Konflikte zu finden, wenn sie es gelernt und eine Streit- und Schlichtungskultur entwickelt haben. Es wird immer wieder verlangt, daß Schule etwas gegen die Gewaltbereitschaft ihrer Schüler tun soll und daß sie neben dem kognitiven Lernen auch Rücksicht aufeinander, Verständnis füreinander und faires Umgehen miteinander - soziales Lernen - unterrichten möge. Mit dem Streitschlichter-Programm haben wir nun eine Alternative und eine Antwort auf diese Forderungen.

Das Streit-Schlichter-Programm stellt eine Möglichkeit dar, Schülerinnen und Schüler zu mehr Verantwortung, mehr Selbstbewußtsein und Selbstkontrolle anzuleiten und trägt damit zur Stärkung ihrer sozialen Kompetenz bei. Das Training und die Ausbildung bringt für alle am Schulleben Beteiligten großen Gewinn: Ältere Schülerinnen und Schüler erfahren, daß sie lernen können und fähig sind, ihren jüngeren Mitschülern bei Auseinandersetzungen untereinander zu helfen, jüngere Schülerinnen und Schüler haben persönliche Ansprechpartner und wissen, an wen sie sich wenden können, wenn sie Probleme haben. Mit dem Streit-Schlichter-Programm erziehen Lehrerinnen und Lehrer ihre Schüler zur Selbständigkeit und fühlen sich außerdem von vielen kleinen und mittelschweren Problemen entlastet. Eltern erhalten ebenfalls wichtige Anregungen, wie sie auch zu Hause Konflikte lösen können.

Referentinnen:

Frau Birgit Amhoff, Frau Christiane Deister: **Matthias-Claudius-Schule**
Frau Dr. Heidrun Bründel: **Bildungs- und Schulberatung des Kreises Gütersloh**

Abb. 66: Das Streit-Schlichter-Programm, vorgestellt am 21.4.98 vor der Stadtschulpflegschaft

— Stadtschulpflegschaft —

Strategien gegen „Gewalt in der Schule“

Rheda-Wiedenbrück (gl). Auch in der Doppelstadt an der Ems leben die Schüler nicht in einem konfliktfreien Raum: Klagen über körperliche Auseinandersetzungen, verbale Unterdrükkungen und Sachbeschädigungen sind auch in Rheda-Wiedenbrück keine Seltenheit. Damit diese Klagen über „Gewalt in der Schule“ sich nicht noch häufen, müssen verantwortliche Erwachsene Möglichkeiten für sinnvolle Konfliktlösungen anbieten. Mit welchen Strategien Schülern zu größerer sozialer Kompetenz verholfen werden kann, ist eine von vielen Entscheidungen, die in den Schulkonferenzen getroffen werden müssen.

Die Schulpflegschaft Rheda-Wiedenbrück bietet Eltern und Lehrern an, zwei Modelle zur Konfliktlösung kennenzulernen. Dabei handelt es sich zum einen um ein Streit-Schlichter-Programm, zum anderen um ein handlungsorientiertes Konzept zur Konfliktlösung. Das erste Modell wird gleich nach den Osterferien am Dienstag, 21. April, um 20 Uhr in der Matthias-Claudius-Schule Rheda vorgestellt. Das Programm ist geeignet für weiterführende Schulen.

Vorgestellt und in Einzelheiten erläutert wird das Streit-Schlichter-Programm von der Psychologin bei der Bildungs- und Schulberatung des Kreises Gütersloh, Dr. Bründel, und Lehrkräften der Matthias-Claudius-Schule. die sich schon vor einiger Zeit für die Einführung dieses Modells entschieden hat und somit schon erste Erfahrungen im Umgang damit sammeln konnte.

Das zweite Modell soll am Montag, 18. Mai, im Stadthaus Wiedenbrück vorgestellt werden. Mitarbeiter der Kreispolizeibehörde und des Jugendamtes führen Eltern und Lehrer in das für alle Schulformen geeignete Konzept ein.

Abb. 67: Die Glocke, April 1998

Matthias-Claudius-Schule

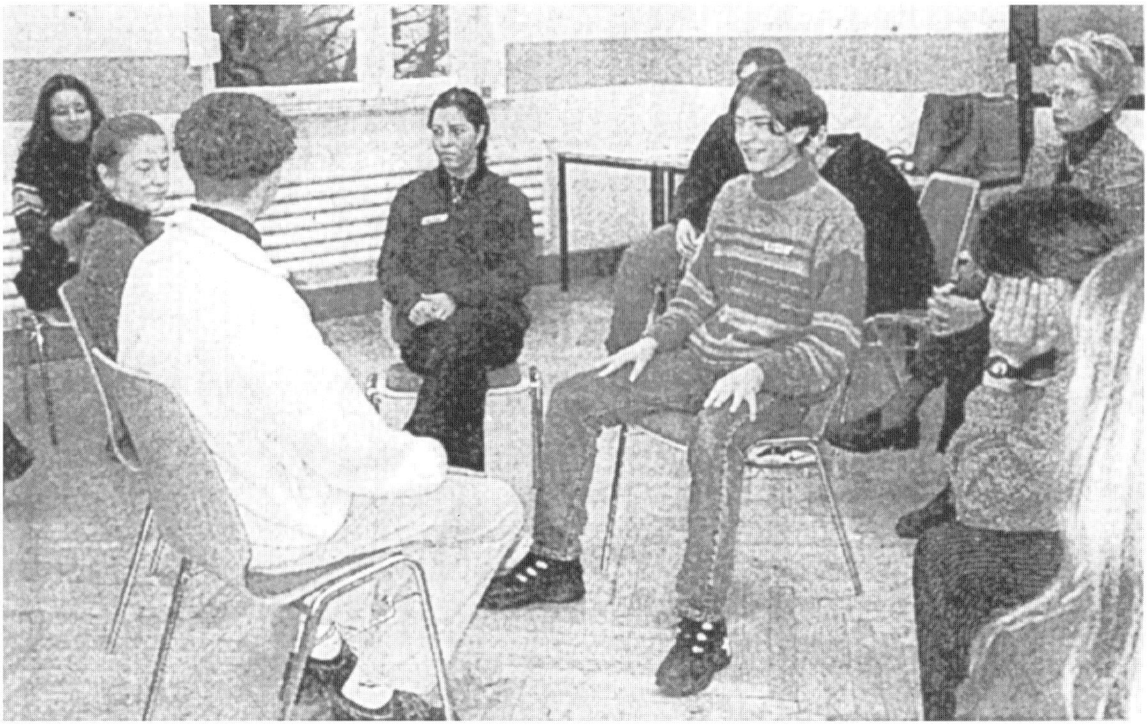

Schüler lernen Streit zu schlichten

Rheda-Wiedenbrück (jd). Seit diesem Schuljahr bereitet sich die Matthias-Claudius-Schule Rheda auf ein Streitschlichtungskonzept vor, das ab dem nächsten Schuljahr durchgeführt und in Zukunft fester Bestandteil des Schullebens werden soll. Im Rahmen dieses Programms lernen Schüler, über Probleme zu sprechen, anstatt loszuschlagen. Es wird ihnen gezeigt, daß man auch tieferliegende Konflikte durch Gespräche aufarbeiten kann und daß sie sich für Mitschüler verantwortlich fühlen sollen, statt Streitende anzufeuern.

Während eines Projekttages wurden jetzt Schüler der 9. Klassen mit ihrer Arbeit als zukünftige Schlichter bekanntgemacht. Sie erarbeiteten gemeinsam die Methode eines Schlichtungsgesprächs (Bild) und gewisse Fähigkeiten, die sie selbst als Schlichter haben müssen. Weitere Fortbildungstage werden folgen.

Zu Beginn des Schuljahres wurden bereits die 5. Klassen der Matthias-Claudius-Schule Rheda in einer Ganztagsveranstaltung auf die in Zukunft für sie zur Verfügung stehende Einrichtung vorbereitet. Sie können dann im Konfliktfall zur Schlichterin oder zum Schlichter gehen, bevor eine Lehrperson eingeschaltet werden muß.

Bild: Plüdes

Abb. 68: Rheda-Wiedenbrücker Zeitung, September 1998

Gesprächsrunde über Gewalt unter Jugendlichen, von links: Polizeibeamter Hans-Georg Ameling, Josef Wagner-Greulich, Moderator Ludger Vollenkemper sowie die Lehrerinnen Christiane Deister und Birgit Amhoff. Foto: Birkholz

Gesprächsrunde im Jugendtreff St. Anna über Gewalt unter jungen Leuten

Den Kindern Grenzen setzen

Verl (rb). „Statt zu schlagen soll geredet werden", umriß Birgit Amhoff, Beratungslehrerin an der Rheda-Wiedenbrücker Matthias-Claudius-Hauptschule, den Zweck des dort seit kurzem praktizierten sogenannten Streitschlichter-Programms. Es solle, so ihre Kollegin Christiane Deister, ältere Schüler befähigen, bei Auseinandersetzungen zwischen jüngeren Mitschülern zu vermitteln. Die beiden Pädagoginnen, der Verler Polizeibeamte Hans-Georg Ameling und der Gewaltberater Josef Wagner-Greulich aus Dortmund waren Teilnehmer einer Gesprächsrunde im Jugendtreff St. Anna. Unter dem Titel „Zoff ohne Ende?" ging es um Gewalt unter Kindern und Jugendlichen.

Laut Hans-Georg Ameling sind in Verl wohl „leichte Tendenzen" zur Gewaltbereitschaft unter Jugendlichen, jedoch noch keinerlei Auswüchse erkennbar. Abgesehen von einer im vorigen Jahr aufgefallen Gruppe sei die Fallzahl sehr gering, sagte der Beamte. Allerdings könne er nur von den an die Polizei herangetragenen Vorkommnissen ausgehen und die mögliche Dunkelziffer nicht abschätzen.

Anwesende örtliche Schulleiter berichteten, die Problematik körperlicher Gewalt habe sich zumindest in den vergangenen zehn Jahren nicht verschärft; Waffen etwa seien im Schulbereich noch nie aufgetaucht. Zugenommen hätten aber „Verbalattacken" unter Schülern. Auch auf solche „negative Anmache", auf „verbale Gewalt", an der anders als bei Handgreiflichkeiten, auch Mädchen beteiligt seien, richtet sich Christiane Deister zufolge das Augenmerk der Beratungslehrerinnen.

Als Ursache von Gewaltausübung wurden genannt: Ein infolge schulischer Überforderung geringes Selbstwertgefühl, Medienkonsum und das schlechte Beispiel der Eltern. Manch einer, so Hans-Georg Ameling, suche sich „Anerkennung mit den Fäusten".

Wichtig sei es, den Kindern Grenzen zu setzen. Wo diese überschritten würden, sollten Erwachsene in Streitereien eingreifen und nicht „grenzenlose Gleichgültigkeit" oder Ängstlichkeit zeigen, riet Josef Wagner-Greulich, Leiter eines Jugendzentrums in Dortmund.

Mit dem Streitschlichter-Programm sollen schon Jugendliche lernen, Konflikte beizulegen. Wie Birgit Amhoff und Christiane Deister erläuterten, werden interessierte Schüler der neunten Klasse entsprechend angeleitet, um in der zehnten Klasse dann jüngeren Schülern nach vorgegebenen Regeln zu helfen. Jeder der Streithähne trägt dem neutralen Schlichter seine Sicht der Dinge vor, muß aber auch die Argumente der Gegenseite wiederholen, um zu zeigen, daß er sie zur Kenntnis genommen hat. Es werden Lösungsvorschläge unterbreitet und in einem Vertrag fixiert.

Das Verfahren wird von den Schülern selbständig durchgeführt. Es soll die „soziale Kompetenz" der Beteiligten stärken und sich so auf das gesamte Schulklima positiv auswirken. Moderator Ludger Vollenkemper, Referent der Rietberger Dekanatsstelle für katholische Jugendarbeit, kündigte an, die Streitschlichter-Methode werde im Herst zusammen mit dem Jugendtreff auch an Verler Schulen erprobt.

Abb. 69: Die Glocke, Oktober 1998

130 Schüler aktiv

Im Forum Gewaltbereitschaft von Kindern auf der Spur

Gütersloh (kar). „Es ist eine Menge Brauchbares dabei herausgekommen, mit dem wir weiterarbeiten können." Mit diesem positiven Fazit schloß Peter Rohde vom Jugend- und Sportamt der Stadt Gütersloh das dritte Gütersloher Kinderforum. „Gewaltbereitschaft bei Kindern" stand im Mittelpunkt. Dieses Thema beschäftigte gestern in der Volkshochschule an der Hohenzollernstraße rund 130 Schüler der fünften bis siebten Jahrgangsstufen aus elf Schulen der Stadt gemeinsam mit Fachleuten und Lehrern.

Die Erforschung der Ursachen von Gewalt sowie die direkte Beteiligung sollte den Kindern während des Forums zeigen, wie sie besser mit Gewaltsituationen umgehen können. Zu Beginn der dreistündigen Veranstaltung führten die Schüler der Pestalozzi-Schule ein gelungenes Rollenspiel auf. Das Stück handelt von einem Jungen, der auf der Suche nach Anerkennung zum Schläger wird. Unter dem Eindruck der Aufführung setzten sich die Schüler dann in sechs verschiedenen Gruppen mit der Problematik auseinander.

Ein Arbeitskreis reflektierte das Rollenspiel unter dem Aspekt des Fremdseins, ein weiterer beschäftigte sich mit den Ursachen, die zu der Gewaltbereitschaft des Jungen führten.

Gemeinsam mit dem Polizeibeamten Andreas Kwiotek stellten die Kinder der Gruppe „Gewalt im Straßenverkehr" die verschiedenen Positionen von Fußgängern, Radfahrern und Autofahren heraus und überlegten sich Vorbildverhalten.

Die Kinder der Gruppe „Gewalt in den Medien" sah sich gemeinsam mit Wolf-Reiner Linke, Lehrer an der Anne-Frank-Gesamtschule, den Comic „Tom und Jerry" und den Spielfilm „Braveheart" an. „Die Schüler stellten sehr schnell fest, daß die Szenen im Comic und in Film sehr brutal sind und sie vor allem bei jüngeren Kindern der Aufklärung bedürfen", erläutert Linke.

Gesellschaftliche Lösungsmöglichkeiten standen bei der fünften Arbeitsgruppe im Vordergrund. Jugendrichter Ulrich Koschmieder erklärte ihnen anhand des Rollenspiels die Arbeit von Polizei und Justiz.

Die letzte Gruppe informierte sich bei den Schülern der Matthias-Claudius-Hauptschule, die zu der Veranstaltung extra aus Rheda-Wiedenbrück anreisten, über das sogenannte Schlicher-Programm. Hierbei handelt es sich um ein Gespräch, in dem streitende Schüler mit Hilfe eines Schlichters nach einer Lösung ihrer Probleme suchen. Die Schlichter sind Schüler des zehnten Jahrgangs und wurden während einer einjährigen Ausbildung auf ihre Arbeit vorbereitet.

„Das Angebot ist freiwillig, und es soll auch kein Schuldiger gefunden werden. Wir wollen unsere Mitschüler dazu bewegen, über ihre Probleme zu sprechen anstatt loszuschlagen," erklärt die Schlichterin Susanne Subryhs, als sich alle Teilnehmer gegen Mittag versammelten und die zahlreichen Ergebnisse ihrer Arbeiten vorstellten und gemeinsam diskutierten. „Die Schüler nehmen dieses Angebot gerne an. Unser Ziel ist es, dem Ideal einer gewaltfreien Schule etwas naher zu kommen," erklärt Birgit Amhoff, Lehrerin an der Matthias-Claudius-Schule.

Am Ende des Forums sammelte Peter Rohde die Vorschlage der Kinder ein, um die Wunsche und Kritikpunkte der Jugendlichen auf städtischer Ebene in die Debatten einzubringen und Losungsansätze weiterzuentwikkeln. Auf eine Fortfuhrung des Kinderforums in Gutersloh haben sich die Organisatoren von der Volkshochschule, des Jugend- und Sportamtes der Stadt, der Kreispolizeibehorde, der Verkehrswacht des Kreises und der Anne-Frank-Schule schon geeinigt. Welcher Problemkreis bei der vierten Veranstaltung beraten werden soll, steht aber noch nicht fest.

Anläßlich des dritten Gütersloher Kinderforums demonstrierte Susanne Subryhs gemeinsam mit Delia Bici (links) und Lukas Dzielawski ein Schlichtergespräch. Bild: Parschat

Die Glocke

Freitag, 2. Oktober 1998

Abb. 70: Die Glocke, Oktober 1998

3. Gütersloher Kinderforum zum Thema „Gewaltbereitschaft unter Kindern"

„Schlichten statt Strafen" heißt die Devise

Gütersloh (jb). Beim 3. Gütersloher Kinderforum ging es um das Thema „Gewaltbereitschaft unter Kindern". Wie bei den letzten beiden Foren, die die Themen „Vorfahrt für Kinder" und „Sicherheit zur Schule" behandelten, setzten sich auch diesmal zahlreiche Fachleute, Pädagogen und über einhundert Schülerinnen und Schüler aus den fünften und siebten Klassen aller Schulformen in der VHS anhand von Projektgruppen, Rollenspielen und Diskussionen mit dem Schwerpunktthema auseinander.

Die Veranstalter des Kinderforums, Vertreter der VHS, des Jugend- und Sportamtes der Stadt Gütersloh, der Kreispolizeibehörde, der Verkehrswacht des Kreises Gütersloh und der Anne-Frank-Gesamtschule, zogen am Ende eine positive Bilanz. Peter Rohde vom Jugend- und Sportamt der Stadt Gütersloh sprach davon, daß Gewalt ein gesellschaftliches Problem sei, das in der Schule nicht ausgeblendet werden könne, sondern gerade hier als Problem besonders massiv spürbar sei. In sechs Arbeitsgruppen hatten sich die Veranstalter mit den Kindern über Ursachen und Lösungsmöglichkeiten von Gewalt in der Schule beschäftigt.

Ein besonders interessantes Modell zur Konfliktbewältigung in der Schule stellte Birgit Amhoff von der Matthias-Claudius-Hauptschule in Rheda-Wiedenbrück vor. Gewalt und Konflikten wird dort mit einem eigens für und von den Schülerinnen und Schülern entwickelten „Schlichter-Programm" begegnet. „Wir wollten die Eigeninitiative der Kinder wecken, nicht immer nur als Lehrer in Konflikt- und Gewaltsituationen einschreiten", so Amhoff. Schon in der fünften Klasse werden die Schülerinnen und Schüler mit dem Thema Gewalt in der Schule sensibilisiert. In der neunten Klasse findet dann jahrgangsweise eine regelrechte Schulung statt, bei Konflikten zu vermitteln. In der zehnten Klasse können dann zehn Jugendliche das Amt des Schlichters ausüben.

Das bedeutet konkret, daß sie, ohne weitere Beteiligung der Lehrer, bei Streitigkeiten das Gespräch mit den Kontrahenten suchen und vermitteln. „Es ist so, daß die Schlichter mittlerweile eine hohes Ansehen in der Schule genießen. Sie gelten direkt als Vorbilder. Uns scheint es damit gelungen zu sein, daß die Kinder Gleichaltrige als Regelungsinstanzen akzeptieren", so Amhoff. Das Schlichter-Amt bekleiden die Schülerinnen und Schüler für ein Jahr. „Uns ist es wichtig, die Kinder damit vertraut zu machen, daß Regeln notwendig sind, um Konflikte zu lösen. Regeln werden somit nicht als etwas Störendes erfahren, sie sind eben notwendig, um in einen solchen Schlichtungs-Verfahren Erfolge zu erzielen."

In einer anderen Arbeitsgruppe ging es Ulrich Koschmieder, Jugendrichter am Amtsgericht darum, den Kindern vor Augen zuführen, welche gesellschaftlichen Sanktionen Gewalt auslösen kann. Koschmieder erarbeitete mit den Kindern in Ansätzen die gesellschaftlichen Lösungsmöglichckeiten, die Polizei und Justiz zur Verfügung stehen. Im Verlauf der Arbeitsgruppe zeigte sich, so Koschmieder, daß den Kindern das Verfahren vor Gericht, die Anklage, das Ausfindigmachen des Täters und die Bestrafung, gänzlich unbekannt war. Ein wesentliches Ziel war es also, den Kindern dieses Verfahren näherzubringen. Koschmieder wies jedoch darauf hin, daß derzeit im Bundesjustizministerium geprüft werde, ob nicht auch bei Gericht der Aspekt der Schlichtung statt der Bestrafung stärker berücksichtigt werden müsse.

In weiteren Arbeitsgruppen wurde die Gewalt in den Medien und ihre Rückwirkung auf den Schulalltag und die Gewalt im Straßenverkehr behandelt. Die Veranstalter des 3. Gütersloher Kinderforums zeigten sich abschließend erfreut über die Ergebnisse der Arbeitsgruppen. Peter Rohde vom Jugend- und Sportamt der Stadt Gütersloh wies darauf hin, daß nicht nur die direkt am Kinderforum beteiligten Schülerinnen und Schüler von den Erfahrungen profitieren würden, sondern auch die beteiligten Schulen insgesamt, wenn dort die Ergebnisse dieses Tages aufgearbeitet würden.

In Projektgruppen, Rollenspielen und Diskussionsgruppen setzten sich die Kinder mit dem Schwerpunktthema des 3. Kinderforums auseinander.

Neue Westfälische, Nr. 229
Freitag, 2. Oktober 1998

Abb. 71: (Neue Westfälische, Oktober 1998)

Radiointerview

Auf die Fragen von Marcel-René und Daniel: „Was halten Sie vom Schlichter-Programm und vom Schlichten?“ antworteten ganz unterschiedliche Personen: stellvertretender Direktor der Volkshochschule, Bürgermeisterin, Lehrer, Lehrerin, Schüler, Schulpsychologin und Schulleiter:

<table>
<tr><th colspan="2">Frage an den stellvertretenden Direktor der Volkshochschule Reckenberg- Ems:</th></tr>
<tr><td>„Was halten Sie vom Schlichten?“</td><td>„Nun, ich denke, Schlichten ist eine sehr gute Angelegenheit, wann immer man Konflikte miteinander auszutragen hat. Konflikte kommen häufiger vor, als man es gerne möchte, und ich halte es für sehr sinnvoll, dass man Konflikte ordentlich und friedlich, d.h. ohne Gewalt miteinander austrägt.“</td></tr>
<tr><th colspan="2">Frage an die Bürgermeisterin:</th></tr>
<tr><td>„Was halten Sie vom Schlichter-Programm?“</td><td>„Ich bin ganz begeistert! Es ist das dritte Mal, dass das Kinderforum hier in Gütersloh stattfindet, und ich habe in mehreren Gruppen dabeigesessen und zugehört, insbesondere hier in der Gruppe der Matthias-Claudius-Schule. Ich bin ganz fasziniert, dass es Schüler gibt, die sich dermaßen engagieren!“</td></tr>
<tr><th colspan="2">Frage an einen Lehrer:</th></tr>
<tr><td>„Was halten Sie vom Schlichter-Programm?“</td><td>„Das Schlichter-Programm finde ich ausgesprochen sinnvoll, denn es ist ein Weg, gewaltfrei eine Lösung herbeizuführen. Diejenigen, die zur Schlichtung gehen, werden ja dazu gebracht, erst einmal ihr eigenes Verhalten zu überdenken, darüber zu reden und dann eine gemeinsame Lösung zu finden.“</td></tr>
<tr><th colspan="2">Frage an eine Lehrerin:</th></tr>
<tr><td>„Glauben Sie, dass die Schlichter-Schulung später für die Schlichter-Schüler eine positive Auswirkung hat?“</td><td>„Ich glaube schon! Wenn jemand das wirklich ernsthaft meint und nicht deshalb mitmacht, damit er eine Stunde freikriegt, dann wird er mit Sicherheit sensibler für Probleme.“</td></tr>
</table>

Frage an einen Schüler:	
„Was hältst du vom Schlichter-Programm?“	„Es ist eigentlich ganz gut! Aber ich weiß nicht, ob das funktioniert.“
„Wieso meinst du das?“	„Ich schätze mal, dass es bei den „5er“- bis „7er“-Klassen funktioniert, aber nicht bei den höheren. Die sind zu stolz und kommen nicht.“
„Aber wenn man in den unteren Klassen anfängt, dann sind sie es doch gewohnt, oder nicht?“	„Ja, ich schätze, dann ändert sich das. Aber man versucht auch, selbst damit fertigzuwerden.“
Frage an die Schulpsychologin:	
„Was halten Sie vom Kinderforum?“	„Sehr viel! Kinder verschiedener Schulen kommen hier miteinander ins Gespräch und beschäftigen sich in Kleingruppen mit ganz unterschiedlichen Themen.“
„Und wie sehen Sie die Schlichtungen?“	„Als eine der Initiatorinnen des Schlichtungsgedankens stehe ich den Schlichtungen sehr positiv gegenüber und halte sie für ein ausgezeichnetes soziales Übungsfeld. Wenn Schülerinnen und Schüler durch die Schlichtungen erkennen, dass sie ihre Streitigkeiten untereinander friedlich lösen können, dann tragen sie durch den Erwerb der dafür notwendigen Kompetenzen einen großen persönlichen Gewinn davon.“

Abschließende Frage an den Schulleiter der Matthias-Claudius-Schule	
Wie sieht die Schulleitung das Schlichterprogramm an der MCS?	Mit Freude beobachte ich seit mehr als zwei Jahren die Entwicklung des Schlichterprogramms hier an der MCS. Von Beginn an beeindruckte mich das Engagement aller Beteiligten, der Kolleginnen und Kollegen sowie der Schülerinnen und Schüler. Sie tragen und unterstützen die Idee, Konflikte anders als durch Gewalt lösen zu wollen. Die Ausbildung zu Schlichterinnen und Schlichtern im 9. Jahrgang und die gleichzeitige Arbeit in den Klassen 5 mit dem Ziel, das Feld für die Schlichtungen zu bereiten und die Schülerinnen und Schüler für friedliche Konfliktlösungsstrategien zu sensibilisieren, sind zu einem wichtigen Aspekt der Erziehungsarbeit im Bereich „Soziales Lernen“ geworden. Mich persönlich hat besonders die Art und Weise berührt, wie stark die Gruppe der Schlichterinnen und Schlichter hinter ihrer Aufgabe steht, und ich bin überzeugt davon, dass die Schülerinnen und Schüler wertvolle Erfahrungen gemacht haben, die ihnen helfen, ihr Leben zu meistern. Sie haben viele Fähigkeiten im kommunikativen Bereich erworben, die ihnen Schule sonst nicht so intensiv hätte vermitteln können. Für ihr Selbstwertgefühl erscheint mir diese Ausbildung enorm wichtig. Selbstbewusst vertreten sie „ihre Sache“ vor Kolleginnen und Kollegen unserer sowie anderer Schulen, die neugierig auf unsere Arbeit geworden sind. Die Erfahrungen aus unserem ersten Durchlauf machen uns Mut, die Schlichter-Schulung fest in unser Schulprogramm zu integrieren.

XIV: Spiele, Interaktionen, Übungen

1. Spiele zum Kennenlernen und Warming-up

Ziel	Durchführung
– *Kennenlernen* – *Sich Bekannt-machen* – *Etwas vom an deren erfahren*	**1. „Alle, die schon einmal …“** Die Schülerinnen und Schüler sitzen im Kreis, die Lehrerin beginnt und ruft den Satz: „Alle, die schon mal eine Fünf geschrieben haben.“ Dann begeben sich diejenigen Schülerinnen und Schüler, für die das zutrifft, in den Innenkreis und unterhalten sich kurz darüber. Dann setzen sie sich wieder, und ein anderer darf rufen. Bsp.: – Alle, die schon einmal geraucht haben – Alle, die eine kleine Schwester haben – Alle, die sich schon einmal geprügelt haben – Alle, die eine bestimmte Popgruppe gern mögen – Alle, die gern/nicht gern zur Schule gehen
– *Kennenlernen* – *Bewegen* – *Aufpassen*	**2. Atomspiel** Die Schülerinnen und Schüler gehen nach einer Musik in der Mitte des Raumes herum. Wenn gesagt wird: „Braune Haare“, „Schuhgröße 38“, „Brillenträger“, „Mathefans“ etc. tun sich alle diejenigen zusammen und bilden „Atome“, für die das Merkmal zutrifft.

Ziel	Durchführung
– *Bewegung* – *Spaß* – *Geschicklichkeit*	**3. Autorennen** Die Schülerinnen und Schüler sitzen im Kreis, ein Schüler steht in der Mitte, der die Anweisungen geben darf. Er teilt alle Schüler in Automarken ein, z.B. 5 Schüler sind VW's, 5 Schüler Mercedes, 5 Schüler Ferraris, 5 Schüler Trabbis. Nun gibt der in der Mitte stehende Schüler das Kommando: „VW tauscht mit Ferrari". Die entsprechenden Schüler springen auf und suchen sich einen anderen Platz; der Schüler, der die Anweisung gegeben hat, ebenfalls, so dass immer ein Schüler keinen Platz erhält. Dieser darf dann wiederum das Kommando geben. Beim Kommando „Autorennen" müssen alle Schüler aufspringen und ihre Plätze tauschen.
– *Bewegung* – *Aufmerksamkeit* – *Spannung*	**4. Bewohnerwechsel –Häuserwechsel –Erdbeben** Die Schülerinnen und Schüler verteilen sich in Dreiergruppen, wobei ein Schüler übrigbleiben muss. Je zwei Schüler bilden ein Haus, indem sie mit den Händen ein Dach bilden, unter dem der dritte Schüler als „Bewohner" des Hauses steht. Nun ruft der Schüler, der übriggeblieben ist, entweder: „Bewohnerwechsel", „Häuserwechsel" oder „Erdbeben". Bei „Bewohnerwechsel" müssen sich alle Bewohner neue Häuser suchen, bei „Häuserwechsel" suchen sich die Schüler, die ein Haus gebildet haben, gemeinsam einen neuen Bewohner. Bei „Erdbeben" müssen alle ihren Platz wechseln (Bund für soziale Verteidigung 1998).
– *Bewegen* – *Konzentrieren* – *Aufpassen*	**5. Boss („Ich bin der Boss")** Die Schülerinnen und Schüler sitzen im Kreis. Einer sagt von sich, er sei der Boss, der Nebenmann ist sein Vize. Vom Vize angefangen, zählen alle einmal durch bis zum Boss, jeder hat also eine Nummer. Es wird zunächst ein bestimmter Rhythmus eingeübt: Der Boss schlägt sich einmal auf die Schenkel, dann klatscht er einmal in die Hände, und dann schnipst er einmal mit beiden Händen in die Luft. Dabei ruft er: „Boss" (auf die Schenkel schlagen) „ruft" (klatschen) „Vize" (schnipsen). Ohne Unterbrechung und im Rhythmus bleibend muss nun der Vize reagieren und seinerseits den Satz sagen: „Vize ruft 5" (z.B.) Die Nummer 5 reagiert sofort und ruft unter Schlagen, Klatschen und Schnipsen: „5 ruft 10" usw. Bei einem geringsten Zögern, Fehler, Verhaspeln wird jeweils ein Stuhl weitergerückt, so dass alle eine neue Nummer haben und nun andere Schüler Boss und Vize sind (Lindner, Walter, Wüllner 1997).

Ziel	Durchführung
	6. Gemeinsam bis 20 zählen
– *Konzentration* – *Ruhe* – *Aufmerksamkeit*	Die Schülerinnen und Schüler sitzen mit geschlossenen Augen im Kreis und sollen bis 20 zählen. Einer beginnt. Eine Zahl darf immer nur von einer Person gesagt werden, nie von zweien zugleich. Wenn dies geschieht, was häufig vorkommt, dann muss wieder bei eins angefangen werden. Um ein einfaches Reihumzählen zu vermeiden, darf nie der Nachbar desjenigen, der eine Zahl gesagt hat, weiterzählen (Bund für soziale Verteidigung 1998).
	7. „Moin, moin, moin, moin“
– *Begrüßen* – *Bewegen* – *Warming up*	Die Schülerinnen und Schüler sitzen im Kreis. Sie stampfen 4x mit den Füßen auf, schlagen 4x mit den Händen auf die Oberschenkel, klatschen 4x in die Hände und springen auf, heben die Hand und rufen: „Moin, moin, moin, moin“ (Krowatschek 1996).
	8. Namensspiel mit Adjektiv
– *Kennenlernen* – *Auflockern*	Die Schülerinnen stehen im Kreis. Sie (als Lehrerin) beginnen mit der Vorstellung, sagen Ihren Namen und fügen ein Adjektiv hinzu, das mit dem ersten Buchstaben Ihres Namens beginnt, z.B. „ich bin die muntere Frau Müller“. Die Runde geht rechts von Ihnen weiter, und bevor der nächste seinen Namen sagt, wiederholt er den Namen und das Adjektiv seines Vorgängers. Die Regel dabei ist, ein positives Adjektiv zu finden, es dürfen nicht zweimal dieselben genannt werden. Die anderen Schülerinnen und Schüler dürfen beim Finden der Adjektive helfen (Walker 1995b).
	9. Spinnennetz:
• *Kennenlernen* • *Auflockern* • *Entwicklung eines Wir-Gefühls*	Die Schülerinnen und Schüler sitzen im Stuhlkreis. Sie (als Lehrerin) nehmen das Wollknäuel in die Hand, halten das Fadenende fest, werfen das Knäuel einem Schüler oder einer Schülerin zu und sagen: „Ich heiße Frau ...“, „ich mag gerne ...“ oder „mein Hobby ist ...“ „und werfe zu ...“. Dabei sagen Sie den Namen. Der oder die Betreffende fängt das Knäuel auf, sagt seinen bzw. ihren Namen, sein Hobby oder etwas Persönliches von sich und wirft das Knäuel weiter zu einem anderen. Dabei entsteht ein Netz, das alle miteinander verbindet (Walker 1995b).

Ziel	Durchführung
	10. „Toaster, Mixer, Elefant“
– *Bewegung* – *Schnelligkeit* – *Reaktionsvermögen* – *Mut zur Darstellung*	Die Schülerinnen und Schüler stehen im Kreis. Die Grundfiguren, bei denen immer drei Personen mitspielen, werden einmal vorgestellt. Beim Kommando „Toaster“ umfassen zwei Personen eine dritte, die in die Höhe springt und „Ping“ ausruft. Beim Kommando „Mixer“ umfassen zwei Personen ebenfalls eine dritte, wobei sie sich mit der einen Hand festhalten, mit der anderen eine Drehbewegung in der Luft machen, so dass die dritte Person, die zwischen ihnen steht, sich ununterbrochen drehen muss. Beim Kommando „Elefant“ fasst sich die mittlere Person mit der linken Hand an die Nase und streckt die rechte durch den gebeugten Arm (=Rüssel). Die beiden anderen Personen rechts und links stellen mit ihren Armen die Ohren dar. Eine Person steht in der Mitte, zeigt auf einen Schüler, nennt seinen Namen und sagt z.B. „Toaster“. Dann muss dieser sofort mit zwei anderen, die neben ihm stehen, den „Toaster“ darstellen. Dann zeigt die Person in der Mitte auf einen anderen Schüler/andere Schülerin und ruft „Elefant“ usw. Wer bei dem Spiel etwas falsch macht, löst die Person in der Mitte ab. **Variante:** Der Lehrer/die Lehrerin gibt die Kommandos, und die Schüler müssen ihre Darstellungspartner schnell selbst finden. Dieses Spiel lebt vom Tempo. Wer etwas falsch macht oder keinen Partner findet, gibt als nächster die Kommandos (Bund für soziale Verteidigung 1998).

2. Spiele zur Kooperation und zur Wahrnehmungsförderung

Material	Ziel	Durchführung
kein	– Vertrauen aufbauen – Verantwortung für den anderen	1. **„Blindenspaziergang“:** Alle Schülerinnen und Schüler bilden Paare. Einer der beiden Schüler schließt die Augen und lässt sich führen.
Ein dicker runder Stein	– Ausdruck von persönlichen Gefühlen – Spenden von Trost – Einfühlungsvermögen	2. **„Der wandernde Stein“** Die Schülerinnen und Schüler sitzen im Kreis und lassen einen Stein herumwandern. Der Stein trägt Sorge, Kummer oder auch versteckten Zorn. Der erste Schüler sagt z.B. „Heute habe ich mich über meinen kleinen Bruder geärgert, er hat mir mein Heft zerrissen“ oder „Meine Freundin hat mit mir Schluss gemacht“. Derjenige, der den Stein erhält, sagt etwas Tröstendes im Sinne des einfühlsamen Mitschwingens, z.B. „Das ist ganz schön ärgerlich“ oder „Das ist sehr enttäuschend für dich“. Dann ist er oder sie an der Reihe mitzuteilen, worüber er oder sie sich geärgert hat und was ihn/sie traurig gestimmt hat.
Gymnastikreifen und Gymnastikseil (vierfach zusammengelegt), oder Holzstab	– Führen und Folgen – Vertrautwerden in der Paarsituation – Ermöglichen von Selbsterfahrungen bezüglich Dominanz und Anpassung – Kennenlernen und Einschätzen des Partners	3. **„Führen und Folgen mit dem Gymnastikreifen, -seil“** Zwei Schülerinnen und Schüler stehen jeweils einander zugewandt und halten mit beiden Händen einen Gymnastikreifen zwischen sich. Einer der beiden schließt die Augen und lässt sich von dem anderen durch den Raum nach einer eingespielten Musik führen. Die führende Person geht rückwärts. **Variante:** Statt des Reifens halten die Schüler ein gefaltetes Gymnastikseil oder auch ein Tuch straff und gespannt zwischen sich und führen einander nach der Musik durch den Raum.

Material	Ziel	Durchführung
Luftballons	Ermöglichung von Orientierung in der Gruppe – aktive Einbindung und Einstimmung der Schüler, – Vertrautwerden mit dem Medium Luftballon – Soziale Erwärmung in der Gruppe	**4. „Luftballonübungen“** a) Alle Schülerinnen und Schüler erhalten einen Luftballon, blasen ihn auf und legen ihn zunächst an die Seite. Sie stellen sich im Kreis auf und wählen einen Luftballon aus. Sie versuchen, den Luftballon immer wieder in die Luft zu befördern, ohne dass er den Boden berührt. Sie können dabei alle Körperteile benutzen. **Variante:** – nur die Hände – nur die Beine – nur den Kopf – nur die Ellenbogen **b)** Der Luftballon darf nun nicht mehr fliegen, sondern wird von Schüler zu Schüler im direkten Körperkontakt weitergegeben
Luftballons	– körperliche und emotionale Aktivierung – Hervorrufen von Kooperation und Gruppengefühl – Abbau von Barrieren und Hemmungen – Vertrautwerden in der Paarsituation – Erproben von ersten taktilen und kinästhetischen Kommunikations- und Wahrnehmungsformen in Distanz und Nähe	**Variante:** der Luftballon wird paarweise weitergegeben **c)** Jeweils zwei Schülerinnen und Schüler stehen Rücken an Rücken, zwischen sich ein Luftballon, den sie versuchen müssen, ohne Benutzung der Hände und Ellenbogen von den Schultern zu den Fersen zu transportieren. **d)** Zwei Schülerinnen und Schüler stehen mit geschlossenen Augen einander zugewandt und bewegen mit beiden Händen einen Luftballon im Rhythmus einer eingespielten Musik, ohne dass sie besprechen, wer die Führung übernimmt. **Variante:** dasselbe mit abgesprochener Führung

Material	Ziel	Durchführung
Schöne glatte Steine unterschiedlicher Größe	– Ausdruck von Emotionalität – Finden eines eigenen Rhythmus – Finden eines gemeinsamen Gruppenrhythmus	**5. „Steine schlagen“** Die Schülerinnen und Schüler sitzen im Kreis und halten je zwei Steine in Händen, die sie je nach eigenem Befinden im individuellen und persönlichen Rhythmus gegeneinander schlagen.
kein	Identifikation und Einfühlung	**6. „Vertauschte Rollen“** Die Schülerinnen und Schüler schreiben ihren Namen jeweils auf eine Karteikarte. Alle Karten werden eingesammelt, gemischt und wieder verteilt. Nun sagt jeder über seinen gezogenen Klassenkameraden vier Sätze, und zwar: – Ich bin ... – Ich sage oft ... – Ich möchte immer ... – Ich mag gern ... Jeder spricht in der Ich-Form, die anderen müssen erraten, wer gemeint ist (Bundesjugendwerk der Arbeiterwohlfahrt 1982).

3. Spiele zur Konfliktreflexion, Kooperation und zu Konfliktlösungen

Material	Ziel	Durchführung
kein	– Kooperation – Beweglichkeit – Gelenkigkeit – Geschicklichkeit	**1. „Gordischer Knoten"** Die Schülerinnen und Schüler stehen in einem Kreis und gehen mit geschlossenen Augen und ausgestreckten Armen aufeinander zu. In der Mitte ergreift jeder zwei Hände. Alle öffnen die Augen und vergewissern sich, dass sie nicht die beiden Hände ein und derselben Person gegriffen haben. Nun versuchen sie, den Knoten zu entwirren, ohne auch nur eine einzige Hand loszulassen.
kein	– Erfahren von unterschiedlichen Handflächenkontakten – Unterschiedliche Empfindungen von Widerstand, Stärke und Schwäche bei verschiedenen Partnern. – Gefühl für eigene Stärke bzw. Schwäche	**2. „Kämpfchen"** Es stellen sich je zwei Schülerinnen und Schüler einander gegenüber. Sie halten die Handflächen voreinander und müssen sich nun mit einem kräftigen, kurzen Stoß wegdrücken (nicht schieben). Häufiger Partnerwechsel ist angesagt.
Obstsorten	– Durchsetzungsfähigkeit erproben – eigene Nachgiebigkeit testen – Verzichtbereitschaft erkunden – Erleben von Gefühlen des Sieges/der Niederlage	**3. „Obstsorten"** Die Schülerinnen und Schüler sitzen im Kreis, in der Mitte des Kreises liegen Äpfel, Birnen, Zitronen, Pflaumen, was die Jahreszeit gerade bietet, für jeden Schüler ein Teil. Alle Schüler betrachten zunächst in aller Ruhe und ohne zu reden die Obstsorten und suchen sich ein Teil davon aus. Der Lehrer oder die Lehrerin beschreibt die Obstsorten mit einfühlsamer Stimme. Er/sie hebt die Vor- und Nachteile der einzelnen Sorten hervor, so dass die Spannung wächst. Auf ein bestimmtes Kommando hin sollen sich dann die Schüler das Teil nehmen, das sie sich vorher ausgesucht haben.

4. Spiele zur Wahrnehmung und zum Erkennen von Gefühlen

Material	Ziel	Durchführung
kein	– Gefühle erkennen – sich in andere hineinversetzen – Phantasie und Kreativität	**1. Imaginärer Ball** Die Schülerinnen und Schüler stehen im Kreis. Einer hält einen imaginären Ball in Händen. Er tut z.B. so, als wäre der Ball ganz schwer (z.B. Medizinball). Er gibt den schweren Ball an seinen Nachbarn weiter, der ihn so empfängt, wie der andere ihn abgegeben hat. Dann verwandelt er den großen schweren Ball z.B. in sein Gegenteil: Nun ist er klein und leicht – vielleicht ein Luftballon – und gibt ihn entsprechend weiter. Der Ball macht die Runde und wird von Schüler zu Schüler mit einer entsprechenden Darstellung weitergereicht, er wird dabei zunächst entsprechend aufgefangen und dann verwandelt weitergegeben.
kein	Lob annehmen können	**2. Lob entgegennehmen** Die Schülerinnen und Schüler sitzen im Kreis, einer nach dem anderen geht auf jemanden zu (nicht zweimal auf dieselbe Person) und sagt den Satz: „Ich mag dich, weil ...“. Der Betreffende hört sich den Satz stillschweigend an, „genießt“ ihn und geht dann seinerseits auf einen anderen Schüler/andere Schülerin zu.
	Genau beobachten und erkennen	**3. Was empfinde ich wobei?** Die Schülerinnen und Schüler machen *nacheinander* eine Handlung vor, aus der hervorgeht, ob sie sie gerne oder ungern tun, z.B. Spinat essen, tanzen, Fahrrad fahren etc. Die anderen erraten die Handlung und geben an, mit welchem Gefühl sie ausgeführt wurde.
Tuch	Gefühle ausdrücken	**4. Zaubertuch** Die Schülerinnen und Schüler stehen im Kreis. Einer hält ein Tuch mit einem bestimmten Gefühlsausdruck in Händen und gibt es mit nonverbalem Ausdruck weiter: z.B. „igittigitt“ oder „ah, schön weich“, jedoch ohne Worte. Alles muss aus seiner Gestik und Mimik zu erkennen sein. Der nächste nimmt das Tuch entgegen und drückt dabei sein persönliches Gefühl aus. So geht das Tuch einmal im Kreis herum, und alle Schülerinnen und Schüler drücken dabei ihre ganz individuellen Gefühle aus.

XV. Verzeichnis der Abbildungen

XVI. Anhang: Bastelanleitung für die Hüte

1. Großes, nicht zu dickes, farbiges Kartonpapier in rot, blau, weiß, grün und gelb von den Ausmaßen ca. 40x50 cm.
2. In der Mitte einmal falten, so dass die 40 cm-Seitenenden aufeinanderliegen.
3. Sie zeigen nach unten.
4. Dann die beiden Ecken rechts und links nach innen falten.
5. Die überstehenden Kanten unten jeweils vorne und hinten nach oben falten und
6. die überstehenden Dreiecksenden umknicken und eventuell festkleben.
7. Der Hut ist fertig.

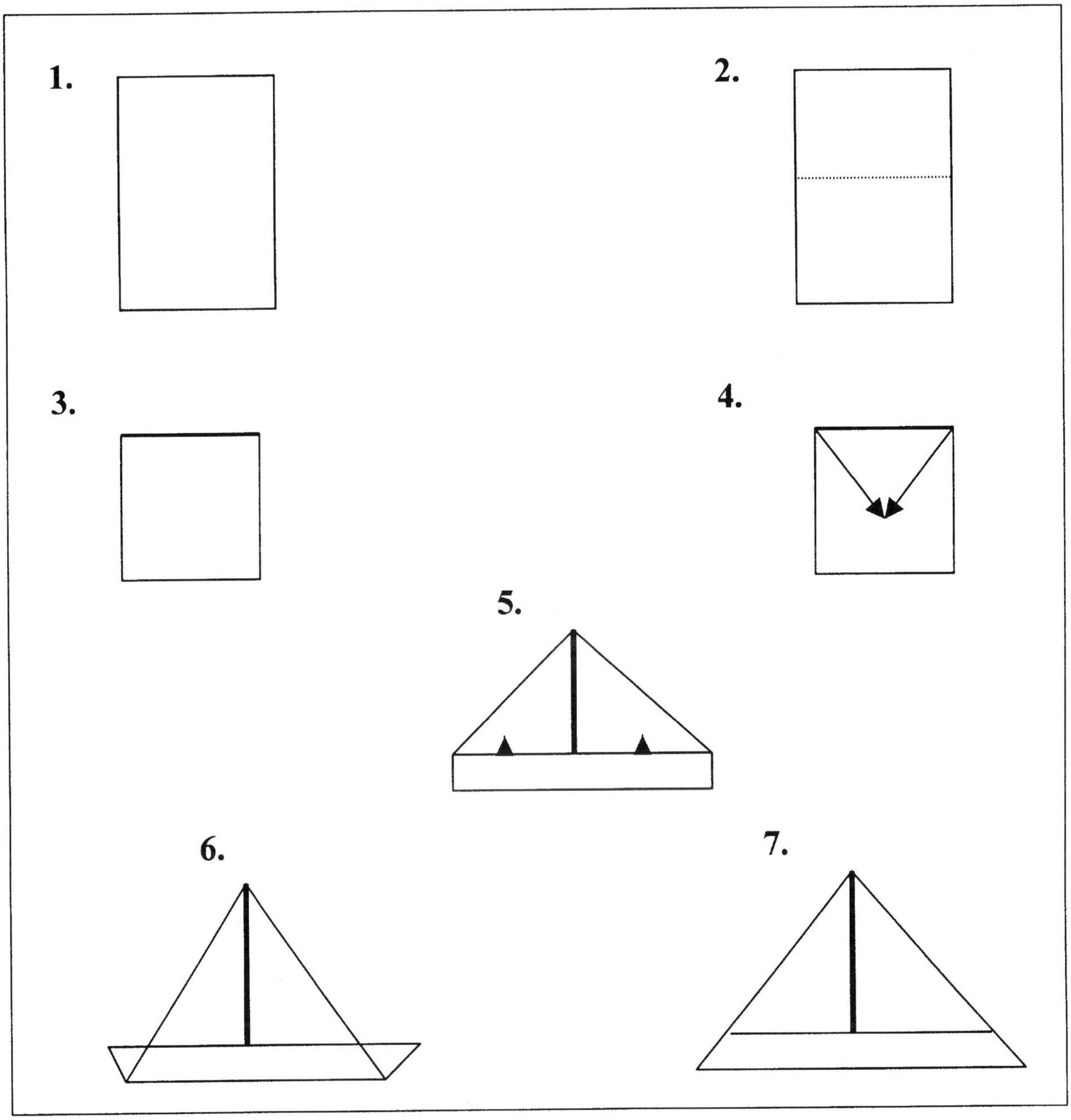

XVII. Literatur

A: Literatur zu Spielen, Interaktions- und Entspannungsübungen sowie zum Umgang mit Gefühlen

Aliki (1995): Gefühle sind wie Farben. 7. Aufl. Weinheim und Basel: Beltz und Gelberg

Bundesjugendwerk der Arbeiterwohlfahrt (Hrsg.) (1982): Praxismappe: Spiele für Kinder, Jugendliche und Erwachsene

Ehrlich, P./Heimann, K. (1986): Bewegungsspiele für Kinder Dortmund: verlag modernes lernen

Ellis, A. (1993): Die rational emotive Therapie: Das innere Selbstgespräch bei seelischen Problemen und seine Veränderung. 5. Aufl. München: Pfeiffer

Ellis, A. (1996): Training der Gefühle: Wie Sie sich hartnäckig weigern, unglücklich zu sein. Landsberg a.L.: mvg-Paperbacks

Goleman, D. (1998): Emotionale Intelligenz. 8. Aufl. München: Hanser

Gordon, Th. (1993): Die Neue Familienkonferenz. Hamburg: Hoffmann und Campe

Kliebisch, U. (1995): Kooperation und Werthaltungen. Interaktionsspiele und Infos für Jugendliche. Mühlheim: Verlag an der Ruhr

Kliebisch, U. (1995): Kommunikation und Selbstsicherheit. Interaktionsspiele und Infos für Jugendliche. Mühlheim: Verlag an der Ruhr

Krowatschek, D./Zuzack, U. (1995): Entspannung im Kindergarten und in der Grundschule. Scherzheim: AOL-Verlag

Krowatschek, D. (1995): Entspannung in der Schule. Anleitung zur Durchführung von Entspannungsverfahren in den Klassen 1-6. Dortmund: borgmann publishing

Krowatschek, D. (1996): 177x Spaß im Unterricht. Eine Auswahl lustiger, spannender, pfiffiger und kreativer Spiele für Schulklassen und Gruppen. Dortmund: borgmann publishing

Müller, E. (1985): Auf der Silberlichtstraße des Mondes. Autogenes Training mit Märchen zum Entspannen und Träumen. Frankfurt a.M.: Fischer

Müller, E. (1987): Du spürst das Gras unter deinen Füßen. Autogenes Training in Phantasie- und Märchenreisen. Frankfurt a.M.: Fischer

Petermann, F./Petermann, U. (1992): Training mit Jugendlichen: Förderung von Arbeits- und Sozialverhalten. Weinheim: Beltz

Petermann, F./Petermann, U. (1994): Training mit sozial unsicheren Kindern. Weinheim: Beltz

Petermann, F./Petermann, U. (1993): Training mit aggressiven Kindern. Weinheim: Psychologie Verlags Union

Rademacher, H./Wilhelm, M. (1991): Spiele und Übungen zum interkulturellen Lernen. Berlin: Verl. f. Wiss. und Bildung

Rheinischer Gemeindeunfallversicherungsverband (Hrsg.) (1998): Mehr Bewegung in die Schule. Ideen für eine bewegungsfreudige Gestaltung des Unterrichts in Grund- und Hauptschulen. Friedrich Verlag

Vopel, K.W. (1997): Gruppenrituale: Mit dem Herzen sehen lernen. Iskopress: Salzhausen

Walker, J. (1995a): Gewaltfreier Umgang mit Konflikten in der Grundschule. Frankfurt a.M.: Cornelsen-Scriptor

Walker, J. (1995b): Gewaltfreier Umgang mit Konflikten in der Sekundarstufe I. Frankfurt a.M.: Cornelsen-Scriptor

B: Musikliteratur (Musik zur Entspannung), Musikkassetten

Andante, A special 2 1/2 hour collection of chamber music classics, Celestial Harmonies

Blockflötenkonzerte des Barock, Teldec

Kitaro, Silver cloud, Sound Design Music Inc., Tokyo

Largo, A special 2 1/2 hour collection of chamber music classics, Celestial Harmonies

C: Literatur zu Gewalt und Gewaltprävention, Konflikt und Konfliktmanagement, Streit und Streitschlichtung sowie Mediation

Arbeitsgemeinschaft Kinder- und Jugendschutz (AJS) (1994): Materialien zum Thema Gewalt und Gewaltprävention. Köln

Becker, G.E. (1995): Lehrer lösen Konflikte. Ein Studien- und Übungsbuch. 7. Aufl. Weinheim und Basel: Beltz

Behörde für Schule, Jugend und Berufsbildung (Hrsg.) (1996): Ich und Du. Wege zum konstruktiven Umgang mit Konflikten. Amt für Schule. Hamburg

Besemer, Ch. (1996): Mediation in der Praxis. Erfahrungen aus den USA. (Werkstatt für Gewaltfreie Aktion) Baden

Besemer, Ch. (1997): Mediation. Vermittlung in Konflikten. (Stiftung Gewaltfreies Leben) Baden

Braun, G. (1995): Streit-Schlichtung in der Schule. In: Neue Praxis der Schulleitung. Stuttgart: Raabe

Braun, G./Hünicke, W. (1995): Schülerinnen und Schüler als Streitschlichter. Praxis Schule, Heft 5, 24-27

Braun, G./Hünicke, W. (1995): Konflikte selbstverantwortlich lösen. Pädagogik, Heft 7+8, 25-29

Bründel, H. (1995): Gewalt macht Schule. In: Wege aus der Gewalt. Praktische Ansätze und Modelle im Umgang mit Gewaltfaszination und rechtsextremistischen Orientierungen bei Jugendlichen. Bericht über eine Fachtagung. Düsseldorf

Bründel, H. (1995): Produziert die Schule Gewalt? In: Hurrelmann, K./Palentien, Ch./Wilcken, W. (Hrsg.) Anti-Gewalt-Report. Beltz Grüne Reihe: Weinheim und Basel, 41-61

Bründel, H./Hurrelmann, K. (1994): Gewalt macht Schule. Wie gehen wir mit aggressiven Kindern um? München: Droemer Knaur

Bund für soziale Verteidigung (Hrsg.) (1998): Dokumentation des Mindener Projekts: „Kreative Konfliktbearbeitung im kommunalen Zusammenhang". Minden

Creighton, A./Kivel, P. (1993): Die Gewalt stoppen. Ein Praxisbuch für die Arbeit mit Jugendlichen. Mühlheim: Verlag an der Ruhr

Daublewski, B. (1992): Spielen in der Schule. Vorschläge und Begründungen für ein Spielcurriculum. Stuttgart und Dresden: Klett

Diez, H./Krabbe, H. (1996): Mediation. Ein Überblick über die neue Form der Konfliktlösung durch Vermittlung. Report Psychologie 21 (1) 16-29

Dulabaum, N.L. (1998): Mediation: Das ABC. Die Kunst, in Konflikten erfolgreich zu vermitteln. Weinheim und Basel: Beltz

Engert, I./Rixius, N. (1996): Konflikte gewaltfrei lösen. In: Hurrelmann, K./Schirp, H./Rixius, N. (Hrsg.): Gegen Gewalt in der Schule. Ein Handbuch für Elternhaus und Schule. Weinheim: Beltz, 220-238

Engert, I. (1997): Mediatioren statt Gladiatoren – Auf dem Weg zu einer friedlichen Konfliktlösung. In: System Schule. Zeitschrift für innovative Schulpraxis. Heft 1, 8-14, und Heft 2, 37-41. Dortmund: borgmann publishing

Eybisch, C. (1995): Mediation. Wenn zwei sich streiten ... Psychologie heute, H.3, 42-49

Faller, K. (1998): Mediation in der pädagogischen Arbeit. Ein Handbuch für Kindergarten, Schule und Jugendarbeit. Dortmund: Verlag an der Ruhr

Faller, K./Kerntke, W./Wackmann, M. (1996): Konflikte selber lösen. Ein Trainingshandbuch für Mediation in Schule und Jugendarbeit. Mülheim a.d.Ruhr: Verlag an der Ruhr

Flensburger Hefte (Hrsg.) 1994): Konfliktbewältigung. 2. Aufl. Flensburg: Flensburger Hefte Verlag

Gebauer, K. (1996): „Ich hab sie ja nur leicht gewürgt." Mit Schulkindern über Gewalt reden. Stuttgart: Klett-Cotta.

Glasl, F. (1994): Konfliktmanagement. Ein Handbuch für Führungskräfte und Berater. 4. Aufl. Bern: Haupt

Hagedorn, O. (1994): Konfliktlotsen. Stuttgart: Klett

Hinsch, R./Pfingsten, U. (1998): Gruppentraining sozialer Kompetenzen (GSK). 3. überarb. Auflage. Weinheim: Psychologie Verlags Union

Jefferys, K. (1998): Ein Streit-Schlichter-Programm für Schülerinnen und Schüler der Grundschule und Erprobungsstufe. Erprobungsfassung. Informationen zur Schulberatung. Beratungslehrerinnen und Beratungslehrer. Heft 23. Soest: Landesinstitut f. Schule und Weiterbildung

Jefferys, K./Noack, U. (1995): Streiten – Vermitteln – Lösen. Das Schüler-Streit-Schlichterprogramm für die Klassen 5-10. Lichtenau: AOL-Verlag

Klie, T./Pilz, G.A./Waterstraat, F. (1993): Gewalt. Texte, Materialien, Kopiervorlagen. Arbeitshilfen BBS16, Religionspädagogisches Institut Loccum

Landesinstitut für Schule und Weiterbildung (Hrsg.) (1994): Aktuelle Gewaltentwicklungen in der Gesellschaft. Vorschläge zur Gewaltprävention in der Schule. Soest

Landesinstitut für Schule und Weiterbildung (1996): Streitschlichtung: Schülerinnen und Schüler übernehmen Verantwortung für Konfliktlösungen in der Schule (Video und Begleitheft). Verlag für Schule und Weiterbildung: Bönen

Leiß, M./Kaeding, P. (1997): Peer-Mediation an Schulen. Wie Schülerinnen in Konflikten vermitteln können. Planung und Durchführung eines Trainingsprogramms. Materialien aus der Arbeitsgruppe Beratung und Training. Hrsg. von A. Redlich. Band 1. Universität Hamburg (FB Psychologie)

Lindner, M./Walter, M./Wüllner, B. (1997): Schulschlichtung – Schlichterschulung. Adolf-Reichwein-Schule, Bielefeld-Sennestadt

Miller, R. (1995): „Das ist ja wieder typisch." Kommunikation und Dialog in Schule und Schulverwaltung. Weinheim und Basel: Beltz

Moore, C.W. (1986): The Mediation Process. San Francisco. Jossey Bass

Nolting, H.-P./Knopf, H. (1997): Gewaltverminderung in der Schule. Erprobung einer kooperativen Intervention. Praxis der Kinderpsychologie und Kinderpsychiatrie, 43, H. 4, 195 ff

Olweus, D. (1996): Gewalt in der Schule: Was Lehrer und Eltern wissen sollten – und tun können. Bern: Huber

Peschanel, F.D. (1993): Phänomen Konflikt. Die Kunst erfolgreicher Lösungsstrategien. Paderborn: Junfermann

Redlich, A. (1997): Konfliktmoderation. Handlungsstrategien für alle, die mit Gruppen arbeiten. Hamburg: Windmühle

Schäfer, M. (1996): Aggression unter Schülern. Eine Bestandsaufnahme über das Schikanieren in der Schule am Beispiel der 6. und 8. Klassenstufe. Report Psychologie, Heft 9, 700-711

Schulz von Thun, F. (1995): Miteinander reden. Störungen und Klärungen. Reinbek b.H.: Rowohlt

Schwarz, G. (1997): Konfliktmanagement. Sechs Grundmodelle der Konfliktlösung. 3. erg. Aufl. Wiesbaden: Gabler

Vopel, K.W. (1980): Interaktionsspiele für Kinder 1-4, Hamburg: Isko-Press

Walker, J. (1995a): Gewaltfreier Umgang mit Konflikten in der Grundschule. Frankfurt a.M.: Cornelsen-Scriptor

Walker, J. (1995b): Gewaltfreier Umgang mit Konflikten in der Sekundarstufe I. Frankfurt a.M.: Cornelsen-Scriptor

Video zur Streitschlichtung (1997): Adolf-Reichwein-Schule Bielefeld

Video zur Streitschlichtung (1996): Landesinstitut für Schule und Weiterbildung Soest

D: Literatur zur Schulentwicklung und zum Schulprogramm

Altrichter, H./Schley, W./Schratz, M.(1998): Handbuch zur Schulentwicklung. Innsbruck, Wien: Studien-Verlag

Keller, G. (1997): Wir entwickeln Schule weiter. Ein Praxisleitfaden für die Innere Schulentwicklung. Donauwörth: Auer

Miller, R. (1991): Sich in der Schule wohlfühlen. Wege für Lehrerinnen und Lehrer zur Entlastung im Schulalltag. Weinheim und Basel: Beltz

Miller, R. (1995): Schulinterne Lehrerfortbildung. Der Schilf-Wegweiser. Weinheim und Basel: Beltz

Philipp, E. (1992): Gute Schule verwirklichen. Ein Arbeitsbuch mit Methoden, Übungen und Beispielen der Organisationsentwicklung. Weinheim und Basel: Beltz

Philipp, E. (1998): Teamentwicklung in der Schule. Konzepte und Methoden. 2. Aufl. Weinheim und Basel: Beltz

Rolff, H.G./Schley,W. (1997): Der erste Schritt ist der halbe Weg: Über Anfänge bei Schulentwicklungsprozessen. Journal für Schulentwicklung. Innsbruck-Wien: Studienverlag, 8-11